소소한 즐거움이 있는 핸드메이드

처음 하는 페트병 채소밭

Boutique Mook No.936 Pet Bottle de Idea Kateisaien
Copyright @2011 Boutique-sha, Inc.
All right reserved
Original translation edition published by BOUTIQUE_SHA, INC.
Korean translation rights ⓒ 2012 by Happy Dream Publishing co.
Korean translation rights arranged with BOUTIQUE_SHA, INC. Tokyo
through EntersKorea Co., Ltd. Seoul, Korea

처음 하는 페트병 채소밭

1판 1쇄 인쇄 2012년 4월 5일
1판 1쇄 발행 2012년 4월 15일

지은이 _ 히로세 가오루
옮긴이 _ 송소영
펴낸이 _ 정원정, 김자영
편집 _ 홍현숙
디자인 _ 김민정

펴낸곳 _ 즐거운상상
주소 _ 서울시 용산구 문배동 7-6 이안1차 102동 오피스 1003호
전화 _ 02-706-9452 팩스 _ 02-706-9458 / 전자우편 _ happywitches@naver.com
출판등록 _ 2001년 5월 7일
인쇄 _ 백산하이테크

ISBN 978-89-92109-89-5
ISBN 978-89-92109-69-7(세트)

* 이 책의 모든 글과 그림, 사진, 디자인을 무단으로 복사, 복제, 전재하는 것은 저작권법에 위배됩니다.
* 책값은 뒤표지에 있습니다.

소소한 즐거움이 있는 핸드메이드

처음 하는 페트병 채소밭

my first vegetable gardening

A to Z

즐거운상상

Prologue

페트병을 활용하여 채소를 처음 길러보는 이들을 위한 책입니다.
페트병 재배 용기 만들기와 다양한 채소 재배 방법을
사진과 그림으로 자세히 설명하였습니다.
누구나 쉽게 성공할 수 있는 나만의 페트병 채소밭을 가꾸어 보세요.

contents

Part 1 | 페트병으로 재배 용기를 만들어 봐요!

채소와 허브를 키우기 위한 기초 지식_ 10 | 페트병 재배 용기를 만들 때 필요한 도구_ 12
가정 채소밭에서 사용하는 기본적인 도구_ 13 | 기본형 페트병 재배 용기(세로형)_ 14
대형 재배 용기(세로형)_ 15 | 채소에 맞춘 큰 재배 용기_ 16
기본형 페트병 재배 용기(가로형)_ 17 | 가로 연결 대형 재배 용기(가로형)_ 18
이등분으로 나누고 접어서 사용!_ 19 | 용도에 맞춘 복합형 재배 용기_ 20
덩굴채소용 지주대 용기_ 21 | 창이 여러 개인 '채소 빌딩'_ 22 | 우유팩과 달걀 박스 재활용 재배 용기_ 23

Part 2 | 이제 채소를 키워볼까요?

● 잎채소 ●

잎상추(서니 레터스) 26 | 시금치 28 | 소송채 29 | 쑥갓 30 | 경수채 31 | 청경채 32 | 양파 33

차조기(자소) 34 | 부추 35 | 마늘 36 | 파슬리 37 | 파드득나물 37 | 백경채 38 | 엔다이브 38

치커리 38 | 방울다다기양배추 39 | 콜라비 39 | 콘샐러드 39 | 공심채 40 | 모로헤이야 40 | 스틱브로콜리 40

● 열매채소 ●

미니토마토 41 | 오이 42 | 풋콩 43 | 완두 44 | 여주(고야) 45 | 피망 46 | 딸기 47

토마토 48 | 가지 48 | 강낭콩 48

● 허브 ●

이탈리안 파슬리 49	바질 50	민트 51	캐모마일 52	타임 53	로켓 샐러드(루콜라) 54	레몬밤 55
로즈마리 56	알로에 57	오레가노 57	크레송(물냉이) 57	코리앤더(고수 풀) 58	차이브 58	세이보리 58
회향 58	타라곤 59	캐러웨이 59	딜(시라) 59	와일드스트로베리 59		

● 뿌리채소 ●

| 래디시 60 | 미니당근 61 | 소순무 62 | 생강 63 |

Part 3 | 기초 지식을 익혀두면 쉽게 채소를 기를 수 있어요

씨 뿌리기_ 66 | 모종 고르는 법_ 68 | 물주기_ 68
모종을 옮겨 심는 법_ 69 | 여러 가지 흙_ 70
선염 비료 만들기_ 71 | 여러 가지 비료_ 72 | 병충해 대책_ 73
천연 재료 농약_ 74 | 수확하면서 손질하기_ 75
수확 후 잘라내기와 웃거름 주기_ 75 | 화분에 옮겨 심기_ 76
허브 번식 방법_ 77 | 허브 활용법과 보존법_ 78
페트병 재배 용기로 정원 꾸미기_ 79
직접 만든 재배 용기로 채소를 키워요!_ 80

다 쓴 재배 용기는 잘 씻어서 재활용으로!
재배 용기로 쓴 페트병을 재활용품으로 내놓을 때는 흙을
잘 씻어낸 다음, 케이블타이를 제거하고 납작하게 눌러서 내놓습니다.

주의하세요! 페트병으로 재배 용기를 만들 때에는 칼이나 가위, 송곳 등 도구를 사용하는데,
잘라서 뾰족해지거나 자른 면에 가시처럼 칼집이 생길 수도 있으니 사포로 밀거나 장갑을 껴서
상처를 입지 않도록 주의합니다.

my first vegetable gardening

Part 1

페트병으로
재배 용기를 만들어 봐요!

평소에 내용물을 다 마시면 바로 버리게 되는 페트병. 그런데 이 페트병을 조금만 손질하면 훌륭한 채소 재배 용기로 변신합니다. 시중에서 파는 재배 용기 못지않게 페트병에서 키워도 채소가 쑥쑥 잘 자랍니다. 페트병을 활용하여 다양한 재배 용기를 만들 수 있는 노하우를 공개합니다. '절약과 환경 보호!' 일석이조의 페트병 채소밭 가꾸기를 시작해 볼까요?

채소와 허브를 키우기 위한 기초 지식

간단하게 기를 수 있는 잎줄기채소, 관리가 조금 까다롭지만 수확의 기쁨이 남다른 열매채소, 향기도 좋고 약효도 있어서 인기 좋은 허브. 이 모든 채소를 키우는 일은 정말 즐겁습니다. 그리고 직접 키웠으니 당연히 안심하고 먹을 수 있어요. 무엇보다 가장 매력적인 점은 따자마자 맛볼 수 있는 것! 채소와 허브는 품종이 정말 다양하고 기르는 법도 다 다릅니다. 자, 채소를 기르기 위해 기초 지식부터 알아볼까요?

처음이라면 모종부터 시작!

원예점과 종묘사에 가면 다양한 종류의 채소, 허브의 씨앗과 모종을 살 수 있어요. 특히 씨앗은 계절과 상관없이 판매하고, 양도 많습니다. 하지만 씨앗부터 키우면 모든 작물이 발아에서 모종까지 손도 많이 가고 기간도 꽤 걸립니다. 처음 채소 기르기를 시작한다면 그런 수고를 거치지 말고 모종부터 키우는 것이 좋아요. 봄에 열매채소와 허브의 모종을 심으면 여름부터 가을까지 수확할 수 있습니다. 물론 잎줄기채소 중에는 재배 방법이 간단해서 씨앗부터 키워도 편한 작물이 있습니다.
우선은 키우고 싶은 채소부터 시작하는 것이 가장 좋겠지요.

오이는 모종부터 키워 보세요. 래디시는 씨앗부터 키워도 OK

같은 채소라도 품종은 다양

같은 채소와 허브라도 품종이 아주 다양합니다. 예를 들면 상추에도 잎상추와 치마상추가 있고, 피망은 고추와 한 종이지요. 민트도 페퍼민트와 스피어민트, 애플민트 등 품종이 다양하고 향도 다릅니다. 이렇게 한 종에 속하는 채소들은 기르는 법이 거의 비슷하지만 맛과 식감, 그리고 향이 전혀 달라요.
용도에 따라 품종을 비교해 본 다음 적절한 것을 선택해서 키워 보세요. 요리에 넣거나 허브 티를 마실 계획이라면 취향을 고려해서 선택하세요.

상추의 종류는 정말 다양하지요.

한해살이풀? 두해살이풀?

식품은 종류에 따라 수명이 다릅니다. 부추 같은 종류를 제외한 대부분 채소는 씨를 뿌리거나 모종을 심은 지 1년 안에 성장하고 수확까지 할 수 있어요. 이것을 '한해살이풀'이라고 합니다. 허브 중에서는 바질이 한해살이풀입니다. 그리고 파슬리와 이탈리안파슬리는 1년이 지나서부터 2년 안에 꽃이 피고 시듭니다. 이것을 '두해살이풀'이라고 합니다. 또 부추와 민트, 레몬밤, 오레가노 등은 한 번 심으면 몇 년씩 계속해서 수확할 수 있습니다. 로즈마리의 경우도 몇 년 동안 계속해서 자랍니다. 이런 종류를 '여러해살이풀' 혹은 '구근초(球根草)'라고도 합니다. 키우고 싶은 채소의 특성을 미리 알아 두세요.

여러해살이풀인 부추 한해살이풀인 바질

채소와 허브에 물 주기!

채소를 심기 전과 후에 물을 충분하게 주고, 그 외에는 겉흙이 말랐을 때에만 물을 주세요. 성장하기 시작하는 봄과 더운 열기로 흙이 마르기 쉬운 여름에는 아침저녁으로 주는 것이 적당합니다. 반대로 가을과 겨울에는 물을 주는 횟수를 줄입니다. 그리고 허브 중에는 약간 건조하게 키워야 하는 품종도 있으므로 미리 확인해서 물을 너무 많이 주지 않도록 주의합니다. 또 베란다와 실내에서는 용기에 식물을 키우므로 정원이나 밭에서 키울 때보다 물과 양분 유출이 많습니다. 그러므로 매일 흙이 말랐는지 확인하는 것이 필요해요.

채소와 허브에 햇빛 관리하기

모든 식물이 그렇듯이 대부분의 채소와 허브도 햇볕을 좋아해서 햇볕이 잘 드는 장소에서 잘 자랍니다. 집안이라면 남향의 현관, 정원, 베란다와 창가도 좋습니다. 특히 열매채소를 기를 때에는 거의 예외 없이 햇볕이 필요합니다. 실내에서 쉽게 기르고 싶다면, 그늘에서도 잘 크는 식물을 고르는 것이 좋습니다. 파드득나물과 새싹채소 등의 채소와 처빌이나 차이브 같은 허브는 직사광선에 약하고 오히려 그늘에서 더 잘 자랍니다.

채소와 허브를 위한 다양한 비료

사람이 음식 없이 살아갈 수 없듯 비료는 식물이 생장하는 데 아주 중요한 요소입니다. 특히 재배 용기에 식물을 기를 때에는 영양분인 비료를 제때 충분히 공급해 주어야 합니다. 비료는 심을 때 주는 '밑거름'과 성장 중에 주는 '웃거름'이 있습니다. 밑거름은 대부분 고형 비료이고, 성장 중이나 수확기에 주는 웃거름은 액체 비료입니다. 수확 후 또는 성장 기간이 긴 품종에는 고형 비료를 주는 경우가 많습니다. 고형 비료는 천천히 오랫동안 효과를 볼 수 있는 '완효성 비료'이고, 액체 비료는 바로 효과를 볼 수 있는 '속효성 비료'라는 특징이 있습니다. 허브는 채소보다 튼튼해서 비료는 가끔 주어도 됩니다. 최근에는 유기질 비료를 사용하기 편하게 가정용으로 개발한 것, 영양제, 식물 활성제 등 다양한 제품이 판매되고 있습니다. 모두 건강에 해를 끼치는 제품이 아니므로, 사용하기 편한 제품을 골라서 사용하세요. 아니면 맛도 있고 환경에도 좋은 유기 재배를 해도 좋습니다. 비료의 종류에 대해서는 72페이지를 참고하세요.

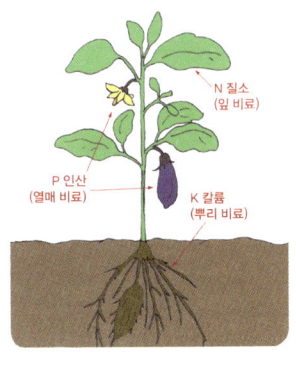

비료의 3요소, '질소, 인산, 칼륨'

식물이 건강하게 자라기 위한 3대 요소로 질소, 인산, 칼륨이 있습니다. 각각 식물의 특정 부위에 작용합니다. 질소는 '잎 비료'라고 합니다. 잎과 줄기에 영양을 주지요. 인산은 '열매 비료'라고 불리며, 꽃이 피고 열매를 잘 맺도록 합니다. 칼륨은 '뿌리 비료'라고 합니다.
뿌리와 땅속줄기의 성장을 돕지요. 그래서 잎줄기채소에는 질소가 많은 비료, 열매채소는 인산이 많은 비료를 주면 좋습니다. 시중에 판매하는 비료의 제품 표시를 보면 N:P:K=8:8:8이라는 표시가 있습니다. 이것은 N(질소), P(인산), K(칼륨)의 성분이 비료에 각각 8%씩 함유되어 있다는 표시입니다. 물론 균형이 잘 잡힌 비료라고 해도 마구잡이로 주어서는 안 됩니다. 각 채소에 적당한 양을 미리 알아보고 주세요.

페트병 재배 용기를 만들 때 필요한 도구

페트병 재배 용기 만들기에 필요한 용구들입니다. 도구 중에는 송곳처럼 위험한 용구도 있으므로 주의해서 작업해야 해요. 만들기에 익숙해지면 용도에 따라 사용하기 편한 도구로 바꿔 써도 좋습니다.

각종 페트병
페트병은 종류가 아주 다양합니다.
재배하려는 채소에 적당한 페트병을
고르세요.

송곳

바닥에 물구멍을 뚫을 때 사용합니다.
물구멍을 만들어 놓지 않으면 뿌리가 썩거나
병에 걸립니다.

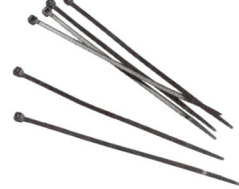

케이블타이
페트병과 페트병을 연결하고,
벌어진 틈을 묶어서 잡아 줄 때에
사용합니다.

드라이버

송곳으로 뚫은 구멍을 넓힐 때 사용합니다.
송곳으로 뚫은 구멍이 너무 작으면
드라이버를 사용해서 더 넓힙니다.

자
눈대중으로 자르면 아무래도 일그러지기 쉽습니다.
자로 정확하게 재서 만드는 것이 깔끔하게 완성됩니다.

가위(재단 가위)
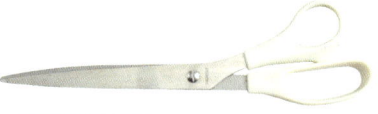
페트병을 반으로 자를 때 사용합니다.
칼로 칼집을 낸 다음에 가위로 자릅니다.

사인펜
자를 부위를 표시하는 데 사용합니다.

칼

페트병에 칼집을 내거나 섬세한 부분을
자를 때 사용합니다.

가정 채소밭에서 사용하는 기본적인 도구

장식용 원예 용구를 비롯한 다양한 원예용품은 원예점에서 살 수 있습니다. 여기에서 소개하는 도구를 모두 준비할 필요는 없습니다. 처음에는 최소한의 용품을 준비하고, 필요할 때마다 조금씩 사도록 합니다. 요즘에는 마트나 천원 숍에서도 다양한 원예용품을 살 수 있습니다.

일상적인 관리에 사용하는 도구

장갑
손을 더럽히지 않고 보호할 수 있습니다. 비닐과 천, 가죽제 등이 있습니다.

비닐 타이
철심이 들어 있는 비닐 끈입니다. 줄기와 덩굴을 지주대에 묶을 때 사용합니다.

래티스(lattice)
베란다에 덩굴을 엮거나 멋스러운 연출을 하는 데에도 도움을 줍니다. 강한 햇빛을 가리는 가림막 역할도 합니다.

가위
식물의 줄기를 잘라서 정리하거나 수확할 때 사용합니다. 사용하기 편리한 원예용 가위를 이용하는 것이 좋습니다.

물과 비료를 줄 때 사용하는 도구

물 주전자
작은 화분에 물을 줄 때나 실내에서 화분 주변에 물이 튀지 않게 하면서 물을 주고 싶을 때 편리합니다. 액체 비료를 줄 때에도 사용합니다.

분무기
잎에 가볍게 물을 주거나 물을 적게 주어야 하는 식물에 물을 줄 때 사용합니다.

저면흡수포(底面吸水布)
욕실처럼 물을 사용해도 좋은 장소에 흡수포를 깔아 놓고 물을 뿌려서 적신 다음, 그 위에 화분을 놓고 식물을 키웁니다. 그러면 화분 바닥면의 흙에서 흡수포의 물을 빨아들입니다. 또, 흡수포 위에 올려놓은 모든 화분에 골고루 물이 공급됩니다.

물뿌리개
식물에 물과 액체 비료를 줄 때에 사용합니다. 가능하면 입구(물이 나오는 부분)의 구멍이 작고 많은 것을 사용합니다.

일상적인 관리에 사용하는 도구

삽, 모종삽
모종을 심을 때나 흙을 퍼 넣을 때 사용합니다. 허브와 미니 채소를 키울 때 또는 실내 재배를 할 때에는 모종삽이 편리합니다.

화훼용 깔망
플라스틱으로 된 망으로, 적당한 크기로 잘라서 재배 용기의 바닥에 깝니다. 흙이 유실되거나 벌레가 들어가지 않도록 막아 줍니다.

흙 넣기용 도구
소형 삽보다 흙을 흘리지 않고 깔끔하게 넣을 수 있어서 편리합니다. 대, 중, 소 3개 세트로 구매해 두면 편리합니다.

물뿌리개 뚜껑, 흡수 뚜껑
500㎖ 용량의 페트병에 뚜껑 대신 끼워서 재활용 물뿌리개로 사용합니다. 페트병에 뚜껑을 끼운 상태로 흙에 직접 거꾸로 꽂아서 자동 흡수 물병으로도 사용합니다.

물받이 받침대
화분과 재배 용기를 올려놓는 받침대입니다. 식물에 준 물이 흘러나와 주변 바닥이 더러워지는 것을 방지합니다. 실내 재배에는 필수품입니다.

기본형 페트병 재배 용기(세로형)

세로형(수평) ※사용하는 페트병은 2ℓ짜리 1개

1 페트병의 가운데 부분에 가위 날이 들어갈 정도로만 칼집을 낸다.

2 칼집에 가위 날을 넣고, 잘라서 페트병을 둘로 나눈다.

3 잘라 놓은 상태. 거친 단면은 사포로 문질러서 매끄럽게 한다.

4 송곳으로 바닥에 물구멍을 뚫는다.

5 송곳 구멍은 작으므로 드라이버를 사용해서 구멍을 넓힌다. 이것으로 한 개 완성.

6 페트병 입구 부분의 중간을 ①, ②와 같은 방법으로 자른다. 이때 자른 단면이 수평이 되도록 한다.

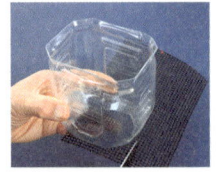

7 화훼용 깔망을 ⑥에서 자른 단면보다 좀 더 크게 자른다.

8 화훼용 깔망을 깔면 두 개째 완성.

세로형(사선) ※사용하는 페트병은 2ℓ짜리 1개

1 가위 날이 들어갈 정도로만 칼집을 낸다.

2 칼집에 가위 날을 넣고, 사선으로 자른다.

3 뾰족한 부분은 사포로 문질러서 매끄럽게 한다.

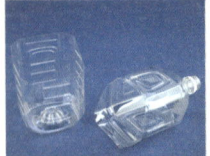

4 자른 상태.

5 페트병 입구 부분의 중간을 ①, ②와 같은 방법으로 자른다. 이때 자른 단면이 수평이 되도록 한다.

6 세로형(수평) 만들기 ⑦~⑧의 과정을 반복한다.

7 완성.

대형 재배 용기 (세로형)

세로형(절반×2) ※사용하는 페트병은 2ℓ짜리 1개

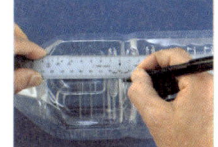

1 페트병 길이로 딱 절반이 되는 지점을 표시한다.

2 표시된 부분에 칼집을 낸다.

3 칼집에 가위 날을 넣고, 잘라서 둘로 나눈다.

4 먼저 아랫부분의 바닥에서 1/3 정도 되는 높이를 표시하고, 위에서부터 잘라 내려온다.

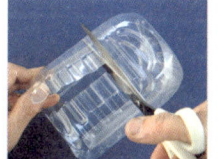

5 표시된 부분에서 다시 가로로 자른다. 양쪽을 다 자르며, 해당 면의 끝까지 자른다.

6 자른 부분을 편 상태. 이때 안전을 위해서 뾰족한 부분을 둥글린다. 페트병이 위부분도 같은 방법으로 잘라서 펼쳐 놓는다.

7 만들어 놓은 페트병 두 개를 겹쳐서 세운 다음, 케이블타이를 끼워 넣을 구멍을 위와 아래에 두 개 뚫는다.

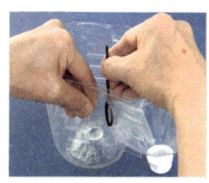

8 위쪽 구멍의 안쪽에서 케이블타이를 넣어 밖으로 뺀다. 그리고 아래쪽 구멍 안쪽으로 통과시킨 다음 페트병 안쪽에서 고정한다.

9 반대편도 같은 방법으로 케이블타이로 고정한다.

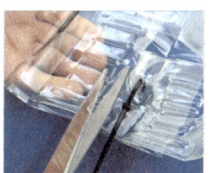

10 안쪽에서 페트병이 겹쳐서 남는 부분을 잘라 낸다.

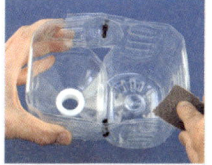

11 케이블타이의 남은 부분도 자른다. 자른 단면을 사포로 문질러서 매끄럽게 한다. 세로형 수평(p.14 참고)의 ④, ⑤처럼 바닥에 물구멍을 뚫는다.

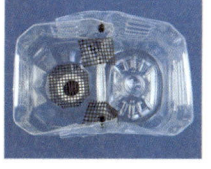

12 큰 구멍에는 크기에 맞춰 화훼용 깔망을 잘라서 깐다.

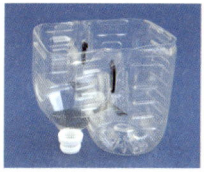

13 완성.

세로형(원형×2) ※사용하는 페트병은 2ℓ짜리 1개

1 페트병 두 개가 합쳐질 부분에 표시한다.

2 그 다음은 세로형(절반×2)의 ②~⑭와 같은 방법으로 만든다. 페트병 길이가 길므로 케이블타이로 두 군데씩 고정한다.

3 구멍이 좀 큰 부분에는 화훼용 깔망을 크기에 맞춰 잘라서 깔면 완성.

채소에 맞춘 큰 재배 용기

세로형(원형×3) ※사용하는 페트병은 2ℓ짜리 3개

1 같은 타입의 페트병을 세 개 준비한다.

2 페트병 세 개가 합쳐질 부분에 표시한다.

3 표시한 부분을 자른다.

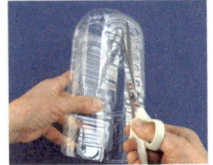

4 페트병 한 면을 위에서부터 바닥에서 2cm 떨어진 부분까지 자른다.

5 ④ 지점에서 다시 가로로 자른다. 한쪽은 첫 번째 각이 진 부분까지 자른다.

6 나머지 한쪽은 두 번째 각이 있는 부분까지 자른다.

7 잘라서 펼친 상태.

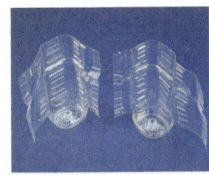

8 두 번째 페트병은 첫 번째와 대칭형으로 만든다.

9 세 번째 페트병도 ④까지는 같다. 가로로 자를 때는 양쪽 모두 첫 번째 각과 두 번째 각의 중간 지점까지 자른다.

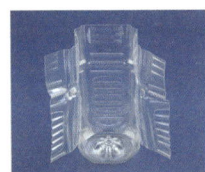

10 잘라서 펼친 상태.

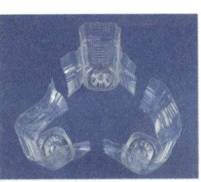

11 만들어 놓은 페트병 세 개를 조합한다.

12 대칭으로 만든 두 개를 먼저 케이블타이로 두 군데 고정한다.

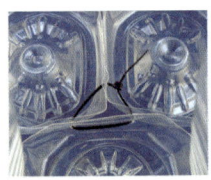

13 페트병 세 개가 만나서 중앙이 되는 바닥에 구멍을 뚫어 케이블타이로 페트병 세 개를 고정한다.

14 외곽을 잡은 다음 케이블타이로 고정한다. 이때 겹치는 부분을 10cm 정도 남겨 두면 튼튼하게 연결된다.

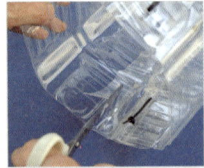

15 케이블타이의 남은 부분과 페트병의 삐져나온 부분을 잘라 낸다.

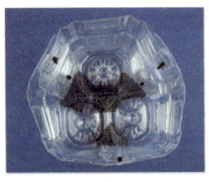

16 바닥에 물구멍을 여러 곳 뚫고, 이음매의 구멍이 큰 부분에는 화훼용 깔망을 깐다.

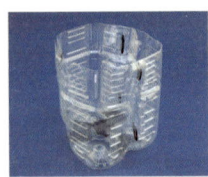

17 완성. 페트병을 반으로 잘라 같은 방법으로 하면 얕은 타입을 두 개 만들 수 있다.

🍶 기본형 페트병 재배 용기 (가로형)

가로형 ※사용하는 페트병은 2ℓ짜리 1개

1 페트병 입구에서 10cm 떨어진 위치에 칼집을 낸다.

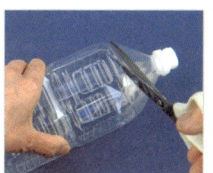

2 칼집에 가위 날을 넣고 자른다.

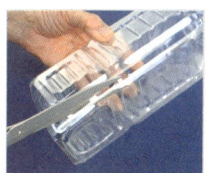

3 페트병의 좁은 면을 잘라 낸다. 자를 때에는 각에서부터 5mm를 남기고 자른다. 그러면 재배 용기가 튼튼해진다.

4 잘라 낸 상태.

5 ③에서 잘라 낸 부분을 옆면 뚜껑으로 사용한다. 페트병을 가로로 놓은 높이보다 1cm 정도 길게 표시하고, 자른다.

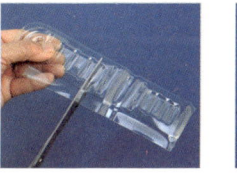

6 이때 뾰족한 부분은 안전하게 둥글린다.

7 뚜껑 아래쪽에 칼집을 두 군데 낸다.

8 뚜껑을 달아야 하는 부분에 맞추고, 케이블타이를 끼워 넣을 구멍을 두 군데 뚫는다.

9 케이블타이를 위쪽 구멍의 안쪽에서 넣어 바깥으로 뺀다. 바깥쪽에서 다시 아래쪽 구멍 안쪽으로 통과시켜 페트병 안쪽에서 고정한다.

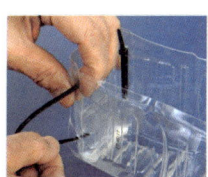

10 다른 면도 같은 방법으로 케이블타이를 끼워 고정한다.

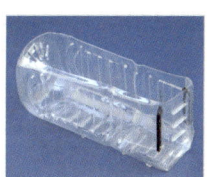

11 케이블타이의 남은 부분을 잘라 낸다. 그런 다음 바닥에 물구멍을 뚫으면 완성.

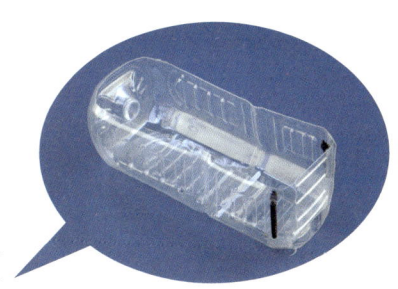

넓은 면을 바닥으로 해서 같은 요령으로 만들면, 폭이 넓은 재배 용기를 만들 수 있다.

🧴 가로 연결 대형 재배 용기 (가로형)

가로형(일반형×2) ※사용하는 페트병은 2ℓ짜리 2개

1 같은 타입의 페트병을 두 개 준비한다.

2 페트병 두 개가 합쳐질 부분을 표시한다.

3 표시한 부분을 자른다.

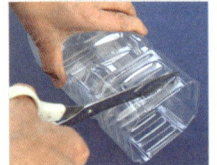

4 페트병을 가로로 놓고, 윗면을 자른다. 이때 다른 페트병과 맞물릴 부분은 남겨 두고 자르며, 각이 있는 부분은 꺾인 부분에서 5mm 안쪽에서 자른다.

5 잘라 낸 상태.

6 다른 병도 같은 방법으로 만든다.

7 페트병 두 개를 서로 연결해서 케이블타이로 고정한다. 그리고 안쪽에서 케이블타이를 매듭짓는다.

8 바닥에 오는 부분도 마찬가지로 케이블타이로 고정한다. (옆면을 고정해도 상관없다.)

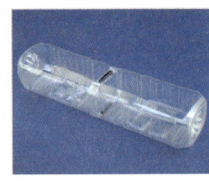

9 케이블타이의 남은 부분을 자르고, 바닥에 물구멍을 뚫으면 완성.

🧴 이등분으로 나누고 접어서 사용!

수평 타입 ※사용하는 페트병은 1.5~2ℓ짜리 1개

1 페트병의 세로 길이에서 딱 절반정도 되는 지점을 표시한다.

2 표시한 위치를 한 면만 남기고 자른다.

3 그런 다음 뒤집어 접는다. 접은 부분을 케이블타이로 고정한다.

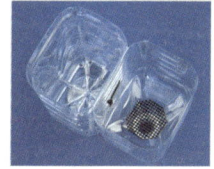
4 바닥에 물구멍을 뚫는다. 페트병의 입구 부분은 화훼용 깔망을 깐다.

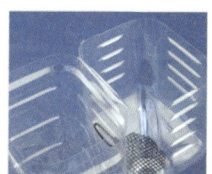
5 단면을 사포로 문질러서 매끄럽게 하면 완성.

사선 타입 ※사용하는 페트병은 1.5~2ℓ짜리 1개

1 페트병의 세로 길이에서 딱 절반 정도 되는 지점에 표시한다.

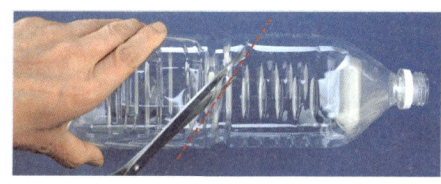
2 표시한 면이 바깥쪽(자신에게 먼 쪽)을 향하게 놓는다. 위로 향한 면이 옆면이 된다. 이 옆면에 사선으로 선을 긋는다. 자신에게 가까운 쪽은 바닥에서 10cm 되는 위치, 바깥쪽을 향한 쪽은 ①에서 표시한 위치에 표시를 하고 두 선을 이어 준다. 그리고 선을 따라서 자른다.

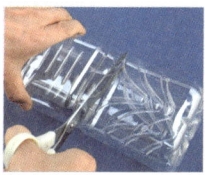
3 앞면은 바닥과 수평이 되도록 자른다.

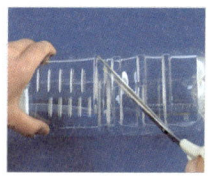
4 반대편의 옆면도 ②처럼 사선으로 자른다.

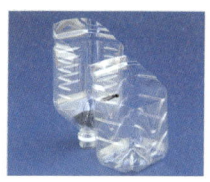
5 그런 다음 뒤집어서 접는다. '수평 타입'의 ③~⑤를 참고해서 완성한다.

용도에 맞춘 복합형 재배 용기

대형 화분 ※사용하는 페트병은 4ℓ짜리 1개, 2ℓ짜리 2개

1 4ℓ짜리 페트병에 칼집을 내고, 칼집에 가위 날을 넣어서 사진의 점선처럼 자른다.

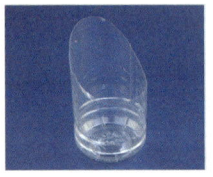

2 자른 상태.

3 2ℓ짜리 페트병에 칼집을 내고, 칼집에 가위날을 넣어서 자른다.

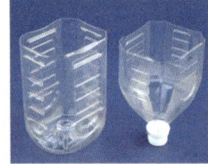

4 잘라서 나눈 상태. 같은 모양으로 하나 더 만든다.

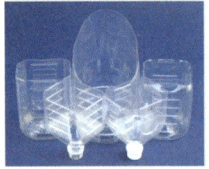

5 모두 바닥에 놓고 균형을 맞춘다.

6 ⑤에서 위치가 정해지면 각각 맞물리는 부분을 케이블타이로 고정한다.

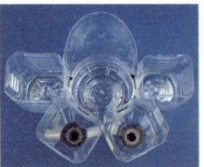

7 전부 고정한 다음, 바닥에 물구멍을 뚫는다. 페트병 입구처럼 구멍이 큰 부분에는 화훼용 깔망을 깐다.

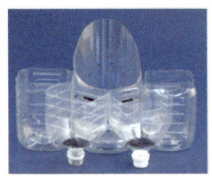

8 자른 단면을 사포로 문질러서 매끄럽게 하면 완성.

🍾 덩굴채소용 지주대 용기

지주대(길이 90cm) ※사용하는 페트병은 2ℓ짜리 1개

1 칼집을 내고, 가위날을 넣어서 자른다.

2 자를 때에는 1cm 폭으로 입구 쪽을 향해 어긋나게 나선형으로 자른다.

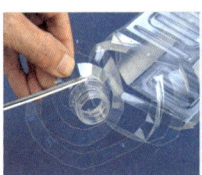

3 페트병 입구까지 나선형으로 이어서 자른 상태.

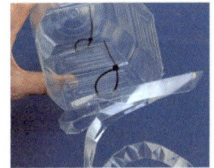

4 지주대 고정용으로 페트병 뒷면 중심선 두 군데에 케이블타이를 끼운다. 이때 케이블타이는 끝까지 조이지 말고 나중에 지주대를 묶을 수 있게 여유를 준다.

5 케이블타이에 지주대를 끼워넣은 다음, 케이블 타이를 조여서 고정한다.

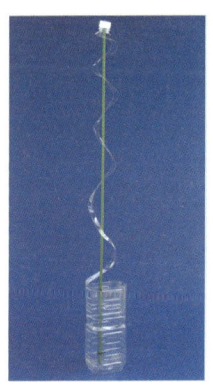

6 페트병에 뚜껑을 끼운다. 나선형으로 자른 부분이 지주대를 감고 올라가도록 끌어올려서 지주대 꼭대기에 뚜껑을 모자처럼 씌워 주면 완성.

간단한 행잉 바스켓 만들기

1 바닥에 송곳으로 구멍을 뚫는다.

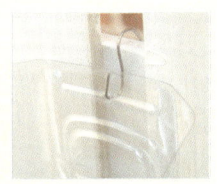

2 구멍에 S자 고리를 넣어서 늘어뜨린다.

3 매달아서 장식용으로!

창이 여러 개인 '채소 빌딩'

채소 빌딩 ※사용하는 페트병은 2ℓ짜리 1개

1 위에서부터 전체 높이의 1/3 위치에 칼집을 내고, 칼집에 가위 날을 넣어서 자른다.

2 사진처럼 옆면의 모서리에서부터 정면 모서리까지 칼집을 넣은 다음 자른다.

3 자른 상태. 사진처럼 손으로 자른 면의 위쪽을 페트병 안쪽으로 잡아당긴다.

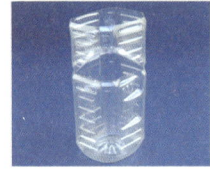

4 잡아당긴 상태.

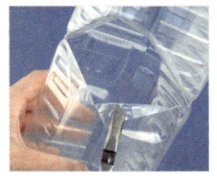

5 구멍 아랫면의 중간을 1cm 정도 자른다. 펜치로 페트병 바깥쪽으로 접어서 입구를 벌린다.

6 뾰족한 부분을 가위로 둥글려서 매끄럽게 하면 1단계 완성.

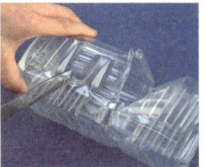

7 ⑥번 사진에서 보이는 첫 번째 창의 양 모서리(밑에서부터 전체 높이의 1/3 위치)에 칼집을 내고 옆면 모서리에서부터 정면 모서리까지 2cm 정도 남기고 자른다.

8 반대쪽에서도 모서리를 기준으로 양옆으로 각 면의 중간 지점까지 자른다. 양 모서리를 같게 자른다.

9 사진처럼 안쪽으로 접어 넣어서 2단계의 공간을 만든다.

10 반대쪽도 같은 방법으로 안쪽으로 접어 넣는다.

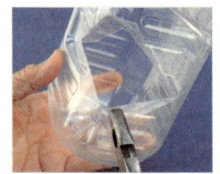

11 이번에도 ⑤번처럼 중간을 자르고 펜치로 바깥으로 펼친다. 뾰족한 곳은 가위로 둥글려서 2단계 완성.

12 바닥에 물구멍을 뚫으면 상중하 네 군데에 심을 수 있는 채소 빌딩 완성.

🥛 우유팩과 달걀 박스 재활용 재배 용기

우유팩 재배 용기 만드는 법

우유를 다 마시고 난 뒤 빈 우유팩과 달걀 박스 등을 재활용한 재배 용기입니다. 페트병으로 만들 때와 요령이 거의 같습니다. 한 번 시도해 보세요. 달걀 박스는 번식과 모종 키우기 용도로도 편리합니다.

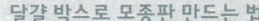
다양한 응용

1 우유팩의 길이를 재고 정확히 중간 지점에 표시한다. 이때, 재배 용기의 뒷면이 될 면만 제외하고 나머지 세 면에 모두 표시한다.

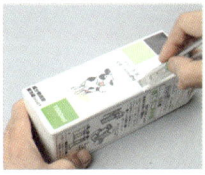
2 표시된 만큼 선을 따라서 자른다.

3 자른 상태.

4 자르지 않은 면을 뒤로 확 접어 넘기고, 상부와 하부가 만나는 부분에 본드를 발라서 고정한다.

5 바닥에 물구멍을 4~5개 정도 뚫어준다. 상부였던 곳의 바닥에는 물구멍을 한가운데 1개만 뚫어주면 된다.

달걀 박스로 모종판 만드는 법

1 달걀 박스를 뚜껑 부분과 바닥으로 나뉘도록 자른다.

2 윗부분으로 사용할 달걀 박스 바닥에는 가위를 이용해서 십자가 모양으로 칼집을 낸다. 가로 세로 1cm 정도이면 된다.

3 스펀지를 가로세로 각 2cm, 두께 1.5cm 정도 크기로 자른다. 이 스펀지의 윗면에도 가위를 이용해서 십자가 모양의 칼집을 낸다.

4 아랫면에는 × 모양의 칼집을 낸다. 이런 스펀지를 10개 만든다.

5 칼집을 낸 스펀지를 ②번에서 만든 달걀 박스의 칼집 부분에 끼워서 고정한다.

6 10개 모두 고정하고, 스펀지의 칼집 부분에 씨를 2~3개 정도 넣는다.

7 스펀지에 씨를 뿌린 상태.

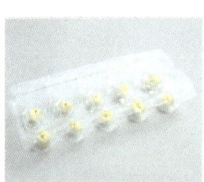
8 바닥에 물을 붓고 뚜껑을 위에 얹으면 완성.

my first vegetable gardening

Part 2

이제 채소를 키워 볼까요?

잎채소
-
열매채소
-
허브
-
뿌리채소

지금부터 채소를 키워볼까요? 채소를 처음 기르는 아들도 쉽게 할 수 있는 잎채소류와 조금 정성을 들여야 하지만 수확의 기쁨이 더욱 큰 열매채소, 싱그러운 향기도 함께 즐기는 허브, 미니당근, 콜라비 등의 뿌리채소까지 다양한 채소를 직접 키워볼 수 있어요. 우선 좋아하는 채소부터 시작해 보세요.

잎상추 (서니 레터스)

비타민과 미네랄이 풍부하고 영양 만점!

● 재배 기간

봄	심기: 3~4월	가을	심기: 9~10월
	손질: 4~5월		손질: 9~11월
	수확: 4~5월		수확: 10~12월

국화과(Asteraceae) _ 상추에는 결구(結球, 잎이 공처럼 동그랗게 되는 것)가 되는 종류와 결구가 되지 않는 종류가 있습니다. 두 종류 모두 병에 강하고 해충도 적어요. 그중에서도 결구가 되는 타입이 훨씬 쉽게 키울 수 있습니다.

● 기르는 법

1 잎상추 씨앗 15~20℃에서 발아하기 때문에 씨 뿌리기는 봄(3~4월)과 가을(9~10월)이 적당하다.

2 씨 뿌리기 플라스틱 달걀 박스에 상토를 넣고, 흙이 전체적으로 물을 머금게 한다. 한 곳에 씨앗을 2~3개씩, 2~3cm 간격으로 뿌린다.

3 흙덮기 씨가 가려질 정도만 흙을 얇게 뿌려서 덮는다. 물뿌리개로 물을 충분히 준다. 씨가 흘러내리지 않도록 물을 살살 뿌린다.

4 발아 씨 뿌리기를 하고 10일 정도 지나면 싹이 나온다. 기온이 25℃ 이상 올라가면 싹이 트기 어려우므로 싹이 나올 때까지 선선한 곳에 둔다.

5 발아 후 손질 처음에 나오는 잎을 떡잎이라고 한다. 싹이 나오면 다시 물을 준다. 그 후에도 겉흙이 마르면 물을 준다.

6 아주 심기 본잎이 1~2장 나오면 튼튼한 모종 4포기 정도 골라서 옮겨 심는다. 달걀 박스의 바닥을 겉에서 누르면 쉽게 빠진다.

7 뿌리 상태 흰 뿌리가 잔뜩 뻗어 있는 것이 보인다. 상추류의 채소는 뿌리가 강해서 옮겨 심을 수 있다.

8 심기 재배 용기 속의 상토에 구멍을 파고 모종을 심는다. 구멍 크기는 모종의 뿌리까지 완전히 들어갈 정도가 좋다.

  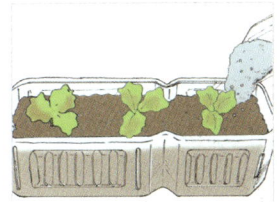 

9 아주 심기 후 모종과 모종의 간격은 10cm 정도로 둔다. 아주 심기를 한 직후에는 모종이 약해지므로 물을 충분하게 주고 2~3일 동안 그늘에 둔다.

10 아주 심기 후 손질 아주 심기를 하고 7일 정도 지나면 모종이 뿌리를 내린다. 햇볕이 잘 드는 장소에 내놓고 겉흙이 마르면 물을 듬뿍 준다.

11 웃거름 아주 심기하고 10일째에 비료를 준다. 이것을 웃거름이라 한다. 화학 비료 2큰술 정도를 포기의 밑둥치에 뿌린다.

12 물 주기 물을 줄 때에는 포기의 뿌리 쪽에 준다. 물뿌리개를 위로 향해 뿌리면 살살 뿌릴 수 있다.

13 수확 시기 본잎이 10~15장 나오면 수확 준비를 시작한다.

14 수확 적기 잎의 끝 부분이 빨갛게 물들기 시작하는 때가 수확 적기다.

15 수확(겉잎 수확) 포기 밑동 근처의 겉잎 3~4장을 손으로 딴다. 겉쪽에 난 잎을 겉잎이라고 한다.

16 수확한 상태(겉잎) 겉잎은 조금 뻣뻣하므로 볶아 먹으면 좋다.

17 수확 후 겉잎을 딴 후 다시 잎이 나온다.

18 재생 일주일 정도면 다시 잎이 자라서 포기가 튼실해진다.

19 최후의 수확 포기의 밑둥치를 칼로 도려 낸다. 잘린 면에서 흰색 액체가 나온다. 이 흰색 액체는 쓴맛이 나므로 잎에 묻지 않도록 주의한다.

20 수확 후 잘라 낸 후의 포기. 밑동치를 잘라 내면 잎이 더 이상 자라지 않는다.

우리는 모두 상추

잎상추(초록 잎) 일병충해에 강하고 결구하지 않아 쉽게 기를 수 있습니다. 겉잎을 수확하고 나서도 다시 잎이 돋아나므로 장기간 수확의 기쁨을 누릴 수 있어요. 샐러드 장식에도 사용하는 그린 샐러드의 주역입니다.

양상추 양상추는 모양이 동그래지는 결구가 특징입니다. 씨를 뿌리고 약 100일이 지나면 수확할 수 있습니다. 결구를 시작하면 더위와 추위에 약해지므로 시원한 장소에서 길러 주세요. 씨 뿌리기는 가을에 하는 편이 좋습니다.

치마상추 치마상추는 쌈 채소로 불리며 고기를 싸 먹는 채소입니다. 봄과 가을, 두 번 씨 뿌리기를 할 수 있는데, 봄은 꽃대가 나오는 시기입니다. 꽃대가 나오기 전에 수확하세요.

시금치
철분이 풍부한 건강 채소

● 재배 기간

봄	가을
심기: 3~5월	심기: 9~10월
손질: ① 3~4월	손질: ① 9월 중순~11월 중순
② 4월 중순~6월 초	② 10월 중순~12월 중순
수확: 4~5월	수확: 11~12월

※ ① 본 잎이 1장일 때 3cm 정도 간격이 되도록 솎아낸다
※ ② 길이가 7~8cm일 때, 간격이 5~6cm 정도 되도록 솎아낸다

명아주과(Chenopodiaceae) _ 철분을 비롯한 다양한 종류의 비타민을 함유한 시금치는 식탁에서 빠놓을 수 없는 최고의 영양 채소입니다. 추위에 강해서 1년 내내 키울 수 있지만, 더위에 약하므로 여름은 피하는 것이 좋습니다.

● 기르는 법

1 씨앗 준비하기 시금치는 씨앗이 비교적 큰 편이므로 손으로 집어서 뿌린다. 씨 뿌리기는 봄 3~5월, 가을 9~10월이 적기이다.

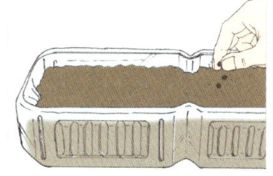

2 씨 뿌리기 상토에 충분히 물을 뿌려서 전체적으로 물기를 머금게 한다. 그리고 씨를 흩뿌린다. 이를 흩뿌리기라고 한다. 씨앗과 씨앗 사이는 2~3cm 정도로 한다.

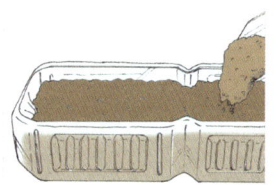

3 흙덮기 흙을 뿌려서 덮고 나무판이나 골판지 등으로 가볍게 눌러서 씨앗과 흙을 밀착시킨다. 물을 살살 뿌린다.

4 떡잎과 본잎 일주일 후에 싹이 나온다. 싹이 나오고 한참 후에 동그란 잎이 나온다. 이것을 떡잎 다음으로 나오는 본잎이라 한다.

5 솎아내기 잎과 잎이 닿지 않을 정도의 간격을 두고 포기의 밑동치에서 잡아 뽑는다. 시금치는 깊이 뿌리를 내리므로 조금 힘을 줘야 한다.

6 성장기 손질 겉흙이 마르면 물을 듬뿍 준다. 햇빛이 강하면 포기가 약해지므로 될 수 있으면 선선한 곳에서 키운다.

7 솎아내기 수확 시기를 놓치면 병에 걸리기 쉬우므로 솎아내기를 자주 한다. 본잎이 4~5장이 될 때까지 솎아내기를 한다.

8 수확 길이가 15cm 정도까지 자라면 수확한다. 손으로 쑥 뽑으면 되는데, 뽑히지 않을 때는 밑동을 칼로 잘라서 수확한다.

소송채(小松菜)

일본 사람들이 샐러드로 즐겨 먹어요!

● 재배 기간

봄	심기 : 3~4월	가을	심기 : 9~10월
	손질 : 3~4월		손질 : 9~10월
	수확 : 4~5월		수확 : 10~12월

십자화과(Brassicaceae, 배추과, 겨자과라고도 한다) _ 씨앗부터 쉽게 기를 수 있습니다. 풍성한 수확도 얻을 수 있어 가정용 채소밭에 잘 어울립니다. 일년 내내 기를 수 있지만, 봄에는 진디가 생기기 쉬우므로 가을부터 기르는 것이 좋습니다.

● 기르는 법

1 씨앗 준비하기 소송채 씨앗. 작지만 싹이 아주 잘난다.

2 씨 뿌리기 페트병 재배 용기에 흙을 채우고 씨를 흩뿌리기 한다. 한 곳에 몰리지 않도록 고르게 뿌린다.

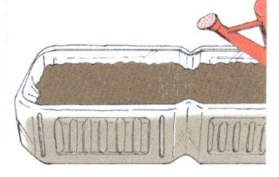

3 물을 듬뿍 주기 씨앗 위에 흙을 얇게 덮고 나무판이나 골판지 등으로 가볍게 눌러서 씨앗과 흙을 밀착시킨다. 재배 용기 밑으로 물이 흐를 정도로 충분히 물을 준다.

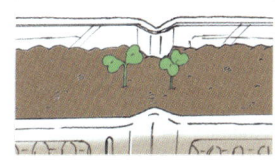

4 싹이 나오면 물주기 씨앗을 뿌리고 3~4일이 지나 싹이 나오는데, 쌍떡잎이 나오면 다시 물을 준다. 겉흙이 마르면 물을 듬뿍 준다.

5 솎아내기 잎이 자라 무성해지면 성장이 느린 것을 뽑아서 잎이 겹치지 않도록 한다. 이것을 솎아내기라 한다.

6 작은 잎 사용하기 솎아 낼 때는 남길 모종의 밑둥치를 한 손으로 누르고 솎아 낼 모종을 뽑아준다. 솎아낸 잎은 무침 요리에 어울린다.

7 수확하면서 기르기 잎이 커질 때마다 솎아내기를 하면서 기른다. 길이가 20cm, 잎이 7~8장이 되면 본격적으로 수확한다.

8 잘 자란 것부터 수확 잎이 크고 색깔이 좋은 것부터 수확한다. 뿌리 근처를 잡고 쑥 잡아당긴다.

쑥갓

전골 요리의 필수 아이템

● 재배 기간

심기 : 9 ~ 11월
손질 : 10월(솎아내기, 웃거름) ~ 다음 해 1월(웃거름)
수확 : 10월 ~ 다음 해 4월

국화과(Asteraceae) _ 쑥갓은 씨를 뿌리고 50~60일만 지나면 수확할 수 있습니다. 추위와 더위에 강해서 1년 내내 기를 수 있지요. 기온이 10~20℃의 선선한 날씨에 잘 자라므로 가을에 씨 뿌리기를 하면 겨울에 따뜻한 전골 요리에 활용할 수 있어요.

● 기르는 법

※ 씨 뿌리기 이후 발아하기 전까지는 물주기에 주의!

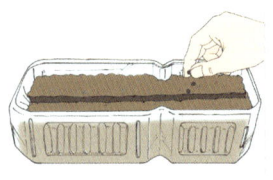

1 씨 뿌리기 깊이 5mm 정도의 골을 만든다. 골에 1cm 간격으로 2~3개씩 씨앗을 뿌리는 것을 줄 뿌리기라고 한다.

2 흙덮기와 물 주기 골의 양옆을 집어 주듯이 하여 흙을 얇게 덮는다. 재배 용기에 신문지 1~2장을 덮고 신문지 위에 물을 준다.

3 발아 처음 나오는 싹을 떡잎이라고 하는데, 7~10일 정도 걸린다. 싹이 나오면 바로 신문지를 걷어 낸다.

4 떡잎과 본잎 떡잎이 나오고 얼마 있다가 톱니 모양의 본잎이 나온다.

5 발아 후 손질 싹이 나온 후에는 겉흙이 마르면 물을 듬뿍 준다. 본잎이 줄을 맞춰서 나오면 잎이 무성해져서 서로 겹치기 시작한다.

6 솎아내기 본잎이 1~2장 나오면 잎이 겹치는 부분을 밑둥치를 잡고 뽑는다. 이것을 솎아내기라고 한다.

7 성장기 손질 자라는 동안 겉흙이 말라 있으면 물을 듬뿍 준다. 본잎이 자라 무성해지면 솎아내기를 한다.

8 수확 길이가 20~30cm 정도까지 자라면 윗부분의 부드러운 잎을 수확한다. 위에서부터 15cm 정도의 위치까지 수확한다. 이때 손톱으로 끊어 주면서 딴다.

경수채(水菜)

담백해서 다양한 요리에 어울려요!

● 재배 기간

심기 : 9~10월	수확 : 11~12월
손질 : 9~10월	웃거름 : 10~11월

십자화과(Brassicaceae) _ 경수채는 십자화과의 두해살이풀입니다. 교토에서는 교나(京菜)라고도 부릅니다. 향이 없고 담백한 맛과 사각거리며 씹히는 맛이 좋아 인기가 있어요. 전골, 무침, 절임 등 다양한 요리에도 사용할 수 있습니다.

● 기르는 법

※ 겨울 수확은 서리에 주의하자!

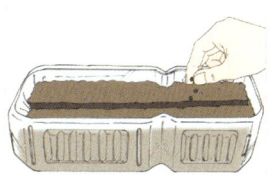

1 씨앗 줄 뿌리기 씨 뿌리기는 가을(9~10월)이 좋다. 가로로 긴 재배 용기를 사용할 때에는 줄 뿌리기를 한다.

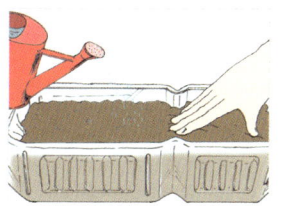

2 물주기 겉흙을 가볍게 고르고, 물을 듬뿍 뿌린다. 씨앗이 흘러가지 않도록 주의하면서 준다.

3 발아 씨 뿌리기를 한 뒤 3~4일이 지나면 싹이 나온다.

4 솎아내기(1회째) 본잎이 2~3장이 되고 잎이 무성해지기 시작하면 잎이 겹치는 부분을 솎아 낸다.

5 솎아내기(2회째) 잎이 6~7cm 정도 자라면 잎이 겹치는 부분을 다시 솎아 내서 요리에 사용한다.

6 솎아낸 후 옆에 있는 모종과 잎이 겹치지 않도록 솎아 낸다.

7 수확하면서 기르기 경수채는 수확(솎아내기)을 하면서 기른다. 잎이 20cm 정도가 되면 수확 적기이다.

8 수확하기 충분히 자라면 잎이 부드러울 때 뿌리째 뽑아 수확한다.

청경채

기름에 볶으면 더욱 맛있어요!

● 재배 기간

	봄		가을	
	심기 : 4~6월		심기 : 8~10월	
	손질 : 4~5월		손질 : 9~10월	
	수확 : 4~5월		수확 : 11~12월	

십자화과(Brassicaceae) _ 포기의 밑둥치가 동그랗게 부풀어 오르면 수확 시기입니다. 씨 뿌리기는 봄과 가을에 할 수 있지만, 초보자는 가을에 씨 뿌리기를 하는 편이 키우기 좋습니다. 봄에 씨를 뿌렸다면 40~50일, 가을에 뿌렸다면 50~60일 정도가 지나면 수확할 수 있어요.

● 기르는 법

※ 건조해지지 않도록 물주기에 주의!

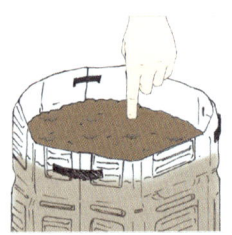

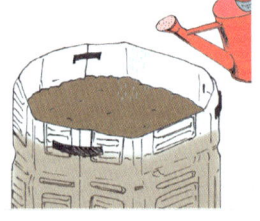

1 구멍 파기 상토에 물을 듬뿍 뿌려서 적셔 놓는다. 구멍은 서로 어긋나도록 배열하여 9개 뚫는다. 구멍의 깊이는 5mm, 구멍 사이의 간격은 10cm 정도로 둔다.

2 씨 뿌리기 구멍 하나에 4~5개씩 씨를 뿌린다. 씨가 보이지 않을 정도로만 흙을 얇게 덮는다.

3 물주기 흙을 덮고 물을 준다. 씨가 흘러가지 않도록 물뿌리개 입구를 위쪽으로 향하게 해서 살살 뿌린다.

4 발아 씨를 뿌리고 4~5일이 지나면 싹이 나온다. 처음에 나오는 잎을 떡잎 혹은 쌍떡잎이라 한다. 싹이 나오면 다시 물을 주기 시작한다.

5 솎아내기 본잎이 2~3장 나오면 한 곳에 한 포기만 남기고 솎아 낸다. 큰 모종을 남기고 작은 것은 뽑는다.

6 수확 시기 씨를 뿌리고 나서 봄에는 40~50일, 가을에는 50~60일이 지나면 수확할 수 있다. 수확이 가까워지면 포기의 밑둥치가 동그스름하게 부풀어 오른다.

7 수확 적기 15cm 정도 길이로 자라고, 포기 밑둥치가 5cm 정도로 두꺼워지면 수확 적기이다.

8 수확 잎이 큰 것부터 순서대로 밑둥치를 잡고 뽑는다. 수확 시기를 놓쳐서 꽃이 피어 버리면 잎이 뻣뻣해지므로 제때에 수확한다.

양파

다양한 반찬에 이용할 수 있어요!

● 재배 기간

심기 : 10~11월 번식 방법 : 9~10월(씨뿌리기)
수확 : 4~5월

백합과(Liliaceae) _ 양파는 혈액순환을 원활하게 하고 몸을 따뜻하게 하며 혈액을 정화하는 작용을 합니다. 기르는 법은 아주 간단해서 씨앗부터 키울 수 있지만, 초보자라면 모종부터 시작하세요.

● 기르는 법

※ 알이 굵은 양파를 수확하고 싶다면 골은 한 줄만!

1 모종 준비 가을에 모종을 심는다. 양파는 줄기의 밑둥치가 두꺼워지므로 면적이 넓은 재배 용기를 준비한다.

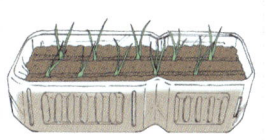

2 모종 심기 재배 용기 흙에 깊이 2~3cm의 골을 2줄 만들고 모종을 심는다. 모종의 간격은 8~10cm 정도로 한다.

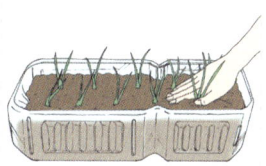

3 밑둥치에 흙 모아 주기 모종이 쓰러지지 않도록 밑둥치에 흙을 조금 모아 준다.

4 물 듬뿍 주기 재배 용기의 밑으로 물이 흘러나올 정도로 충분하게 물을 준다. 2~3일 동안 그늘에 둔다.

5 알이 굵어진다 봄이 되면 알(줄기 아랫부분)이 점점 굵어진다.

6 잎이 쓰러지면 수확시기 알이 굵어지면 잎이 황색으로 변하면서 쓰러진다. 이때가 수확 적기이다.

7 수확은 늦어지지 않도록 잎이 완전히 말라 버리면 알이 썩을 수 있으므로 제때에 수확한다.

8 줄기째 뽑아서 수확 맑은 날에 수확한다. 뽑은 양파는 그늘에 매달아 건조한다. 껍질째 보관한다.

차조기 (자소)
한 포기만 심어도 수확은 충분!

● 재배 기간

씨 뿌리기 : 3월 중순~5월	수확 : 5월 중순~8월(잎 수확)
손질 : 3월 중순~6월 중순	9월(이삭)
심기 : 3월 중순~6월 중순	10월(열매)

꿀풀과(Lamiaceae) _ 차조기는 영양가가 높고 기르기 쉬운 채소입니다. 베란다나 부엌에서 키우면서 요리에 조금씩 활용할 수 있는 활용도가 높은 채소입니다. 청차조기와 적차조기가 있는데, 청차조기가 기르기가 더 쉽습니다.

● 기르는 법

※ 꽃의 결실인 열매도 이용!

1 좋은 모종 고르기 봄에 씨를 뿌리거나 모종을 심는다. 잎이 크고 건강한 모종을 고른다.

2 모종 심기 모종의 뿌리와 뿌리 사이의 흙이 부서지지 않도록 잘 꺼내서 재배 용기(지름 15cm 이상의 크기)에 심는다.

3 물 듬뿍 주기 모종을 심은 뒤 재배 용기 밑으로 물이 흘러나올 정도로 충분히 준다. 2~3일 동안 그늘에 둔다.

4 잎이 커지면 수확하기 모종이 자리를 잡고 잎이 7~8장 정도 달리기 시작하면 수확할 수 있다.

5 잎차조기 수확 아랫부분의 큰 잎부터 수확한다. 잎은 조금만 남겨 두면 다시 자라난다.

6 위쪽 잎 따기 작물의 키가 어느 정도 자라면 윗줄기의 잎도 딴다. 이것을 순지르기라 한다. 순지르기를 하면 옆쪽에서 가지가 나온다.

7 수확량이 많아지면 비료 추가하기 잎을 많이 따면 작물도 약해지므로 2주에 한 번 정도는 액체 비료를 준다.

8 꽃이 피면 수확 8월 하순 정도에 흰색 꽃이 핀다. 꽃이 피기 시작하면 따서 이삭 차조기로 이용한다.

부추

일단 한 번 심으면 매년 수확이 가능해요!

● 재배 기간

씨뿌리기 : 봄 3~4월, 가을 8~9월
솎아내기 : 4~5월 중순
수확 : 4~7월

백합과(Liliaceae) _ 부추는 한 번 심으면 5~6년 동안 수확할 수 있습니다. 추위와 더위에 강하고 햇볕이 들지 않는 곳에서도 기를 수 있어요. 베란다나 부엌에서 간편하게 기를 수 있는 채소입니다.

● 기르는 법

※ 봄에 꽃이 피면 꽃대를 통째로 잘라 내자!

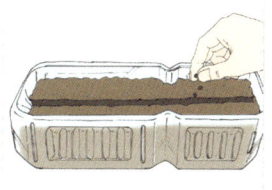

1 씨 뿌리기 재배 용기의 흙에 골을 얕게 판다. 씨를 1cm 간격으로 1개 정도씩 뿌린다.

2 발아하면 물을 주기 시작 씨를 뿌리고 10일 정도 지나면 싹이 나온다. 싹이 나오면 물을 주기 시작한다.

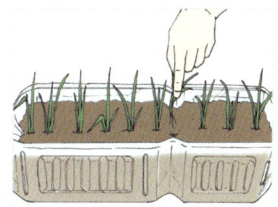

3 잎이 많이 난 부분 뽑기 잎과 잎이 무성한 곳은 작은 모종을 뽑아낸다. 잎과 잎이 겹치지 않을 정도로 뽑는다.

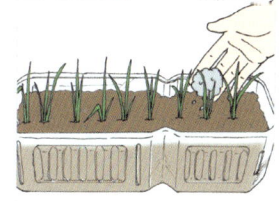

4 비료 주기 부추는 성장이 빠르고 수확기가 길어서 중간에 비료를 준다. 화학 비료를 뿌리에서 조금 떨어진 곳에 흩뿌린다.

5 잎이 자라면 수확 작물의 길이가 20cm 이상이 되면 수확할 수 있다. 부드러운 잎부터 수확하자.

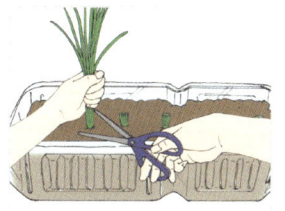

6 밑둥치 자르기 필요한 분량만큼 밑둥치를 가위로 자른다.

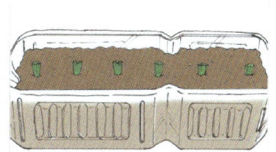

7 잎은 조금 남기기 수확할 때 밑에서부터 5cm 정도 남긴 위치에서 자른다. 이렇게 해 두면 잎이 다시 자란다.

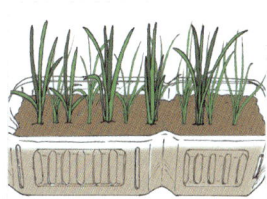

8 잎이 다시 자란다 길이가 20cm 정도가 되면 수확하고, 수확한 다음에는 웃거름을 준다. 이 과정을 반복하면 몇 년이라도 수확을 즐길 수 있다.

마늘
원기를 불러일으키는 향신 채소

● 재배 기간

심기 : 9월	손질 : 3~4월(순지르기)
번식 방법 : 10~11월(분구)	10월(제초)
	11~12월(북주기)

백합과(Liliaceae) _ 마늘로 먹는 부분은 땅속에 있는 줄기 부분입니다. 키울 때는 알뿌리를 구해서 가을에 심고 다음해 봄에 수확합니다. 직접 재배한 마늘은 향도 각별합니다.

● 기르는 법

※ 햇볕이 잘 들고 바람이 잘 통하는 곳에서 기르자!

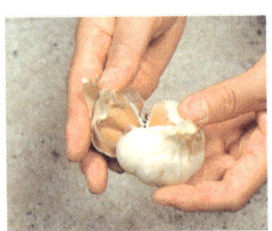

1 알뿌리 준비 알뿌리는 가을에 심는다. 종묘상에서 건강한 알뿌리를 구해 온다.

2 알뿌리 분리하기 알뿌리를 7~8개로 나눈다. 알뿌리를 나눈 낱개를 인편(鱗片)이라 한다.

3 인편 심기 재배 용기 흙에 깊이 3~5cm의 구멍을 판다. 인편은 싹이 트는 곳이 위쪽으로 향하게 심는다. 인편 사이의 간격은 15cm 정도 띄운다.

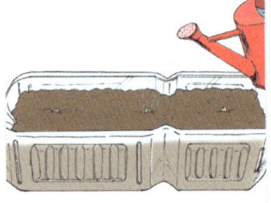

4 물 듬뿍 주기 파놓은 흙을 덮어 준 뒤 물을 충분하게 준다. 2~3일 동안 그늘에 둔다.

5 작은 알뿌리 제거하기 발아해서 싹이 10cm 정도로 자라면 뿌리 쪽을 파서 분구한 작은 알뿌리를 제거한 뒤 흙을 다시 덮는다.

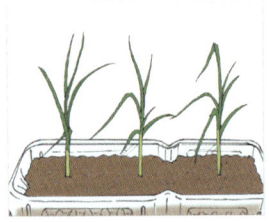

6 꽃대 자르기 봄이 오면 꽃대가 올라온다. 꽃대가 올라오면 마늘 성장이 늦어지므로 꽃대는 될 수 있으면 빨리 자른다.

7 잎이 노래지면 수확 잎이 노란색을 띠기 시작하면 뿌리를 파서 마늘 크기를 확인한다. 마늘통이 커졌으면 맑은 날을 잡아 수확한다. 수확할 때는 줄기까지 통째로 뽑아 둔다.

말려 두면 오래 두고 먹을 수 있다.

파슬리
비타민 A와 C, 미네랄이 풍부

파드득나물
향이 좋은 동양 허브

● 재배 기간

봄	심기 : 4～6월	가을	심기 : 9～11월
	손질 : 5～7월(웃거름)		손질 : 9～11월(웃거름)
	수확 : 7～10월		수확 : 12～다음 해 2월
	번식 방법 : 3～4월(씨 뿌리기)		번식 방법 : 8～10월

미나리과(Apiaceae) _ 영양이 풍부해서 식사 때마다 수확해서 요리에 곁들이고 싶은 채소. 튼튼해서 키우기도 쉽습니다. 거의 1년 내내 수확할 수 있어 채소 가꾸기의 즐거움을 만끽 할 수 있어요.

● 재배 기간

봄	심기 : 5～6월	가을	심기 : 10～11월
	물 주기 : 7～9월		물 주기 : 11～12월
	수확 : 6～9월		수확 : 12～다음 해 2월
			서리 방지 : 12～다음 해 3월

미나리과(Apiaceae) _ 물만 잘 주면 잘 크는 튼튼한 채소입니다. 거의 1년 내내 수확할 수 있으며 한 포기만 길러도 제 몫을 톡톡히 합니다.

● 기르는 법

1 모종 준비 모종의 뿌리흙(뿌리와 뿌리 사이의 흙)이 부서지지 않도록 모종을 조심해서 꺼낸다.

2 모종 심기 모종을 심는다. 밑둥치를 주변보다 높게 해 주면 배수가 잘 된다.

3 물 듬뿍 주기 모종을 심은 뒤 재배 용기 밑으로 물이 흘러나올 정도로 충분한 양의 물을 준다. 2～3일 정도 그늘에 둔다.

4 수확하기 가지의 중간 부분을 끊어서 수확한다. 밑둥치를 가위로 잘라도 된다.

● 기르는 법

1 모종 준비 모종의 뿌리흙이 부서지지 않도록 조심해서 꺼낸다.

2 모종 심기 쉽게 건조되지 않도록 부엽토 등을 밑둥치에 뿌려준다. 모종을 심은 뒤 재배 용기 밑으로 물이 흘러나올 정도로 물을 충분히 준다.

3 잎이 커지면 수확 길이가 20cm 정도로 자라고 잎이 많아지면 수확한다. 잎을 조금 남겨 두면 다시 잘 자란다.

4 꽃이 피면 잘라 내기 초여름에 꽃대가 올라오면 잎이 뻣뻣해지고 맛이 없어진다. 꽃대는 될수록 빨리 잘라 낸다.

백경채

중국의 건강 채소로 유명해요!

● 재배 기간

봄	심기: 4~5월	가을	심기: 9~10월
	솎아내기: 4~5월		솎아내기: 9~10월
	수확: 5~6월		수확: 10~11월

● 기르는 법

가정용으로는 심이 흰색인 '설백체채'(우리나라에서 구입할 수 없는 일본에만 있는 품종)를 일반적으로 기른다. 재배 용기에서 기를 때는 돌을 섞어서 배수가 잘되도록 한다. 씨는 3cm 간격으로 심고 싹이 나오면 솎는다. 본잎이 3장이 되면 포기 간의 거리가 3×3cm 정도가 되도록 솎는다. 포기 간의 거리는 15~20cm 간격이 적절하다. 웃거름을 10일 간격으로 3회 준다. 가을에 씨를 뿌렸다면 60일 정도가 지난 후에 수확하는 것이 적당하다.

엔다이브

다양한 요리에 사용

● 재배 기간

봄	심기: 4~5월	가을	심기: 9~10월
	솎아내기: 4~5월		솎아내기: 9~10월
	수확: 5~6월		수확: 10~11월

● 기르는 법

미네랄과 비타민이 듬뿍 담긴 엔다이브. 조금 씁쓸한 안쪽 잎은 샐러드로, 쓴맛이 강한 겉잎은 무침이나 조림 요리에 넣으면 좋다. 기르기 적절한 온도는 15~20℃이다. 선선한 기후를 좋아하는 채소이므로 반음지에 두는 등 시원한 장소에서 키우자. 잎이 빽빽해지도록 기르면 속 안의 잎이 흰색으로 부드러워진다.(연백재배)

치커리

샐러드로 먹어도, 볶아 먹어도 맛있어요

● 재배 기간

씨 뿌리기: 9월	수확: 3~5월

● 기르는 법

치커리는 볕이 잘 드는 곳과 배수가 잘되는 곳을 좋아한다. 가을에 씨를 뿌린다. 뿌리가 크게 자라므로 큰 재배 용기를 준비하자. 겨울 추위에 강하므로 특별한 손질은 필요 없다. 겨울을 나면 작물이 쑥쑥 자라므로 지주대를 세운다. 여름의 고온다습한 기후에 약하기 때문에 한여름의 직사광선은 피하도록 한다.

방울다다기양배추
양배추보다 기르기 쉬워요!

● 재배 기간

| 심기 : 7~8월 | 손질 : 8월 말~9월(지주대 세우기) |
| 수확 : 11~12월 | 10~12월(아래 잎 제거) |

● 기르는 법

양배추를 그대로 작게 축소한 것 같은 방울다다기양배추. 씨부터 기르면 실패하기 쉬우므로 초보자는 모종을 사서 기른다. 재배 용기에 2포기 정도를 심는다. 구멍의 깊이는 뿌리가 충분히 들어갈 정도로 판다. 병충해에 약한 편이니 주의를 기울여서 기르자. 웃거름은 10일에 한 번 정도로 준다. 물을 줄 때는 액체 비료를 사용한다. 아래의 불필요한 잎을 떼어 내면 알이 두껍게 만들어진다.

콜라비
순무와 비슷하게 생긴 양배추의 친척

● 재배 기간

봄	심기 : 3~4월	가을	심기 : 9월
	솎아내기 : 4월		솎아내기 : 9월 중순~10월
	수확 : 5~6월		수확 : 10~11월

● 기르는 법

순무와 모양이 비슷하지만, 줄기 아랫부분이 부푸는 양배추과에 속하는 채소이다. 넓은 타입의 재배 용기를 준비하자. 씨는 10cm 간격으로 4~5개씩 뿌린다. 씨를 뿌린 뒤 흙을 얇게 덮고 물을 충분히 준다. 2~3일 그늘에 둔다. 잎이 3~4장이 되면 솎아 낸다. 흙이 건조해지면 줄기가 뻣뻣해지고 알의 상태가 나빠지므로 물주기에 신경을 써야 한다. 줄기가 부풀어 오르면 수확한다.

콘샐러드
좁은 장소에서도 OK!

● 재배 기간

봄	심기 : 3~4월	가을	심기 : 9~10월
	솎아내기 : 3~6월		솎아내기 : 9~11월
	수확 : 4~6월		수확 : 10~11월(웃거름)

● 기르는 법

재배 용기나 화분 등 가정 채소밭에서도 간단하게 재배, 수확할 수 있는 녹황색 채소다. 주로 어린잎을 샐러드로 만들어서 먹는다. 봄과 가을에 씨 뿌리기를 하고 기른다. 병충해가 적은 채소이지만 봄에는 진디가 발생한다. 발견하면 바로 제거해야 한다. 씨를 많이 뿌려서 무성하게 키운 다음에 솎아 내고, 더 자라면 수확한다.

공심채

굴소스에 볶으면 맛있어요

● 재배 기간

| 씨 뿌리기 : 5~7월 | 수확 : 6~10월 |
| 손질 : 6~10월 | |

● 기르는 법

공심채는 시금치보다 칼슘은 4배, 비타민A는 5배, 비타민B는 1.8배, 비타민C는 2배 함유한 건강 채소로 알려져 있다. 적정 재배 온도는 15℃ 이상이므로 아주 따뜻해진 다음에 씨를 뿌린다. 한여름이라면 씨를 뿌리고 2~3주만 지나면 수확할 수 있다.

모로헤이야

철분이 풍부한 건강 채소

● 재배 기간

| 씨 뿌리기 : 5월 초순~6월 | 수확 : 8~9월 |
| 손질 : 6월 중순~8월 중순 | |

● 기르는 법

고대 이집트에서 사랑받던 영양가 높은 채소이다. 저온에서는 발아와 성장이 어려우므로 따뜻한 5~6월에 씨를 뿌린다. 수확 기간이 길기 때문에 수확할 때마다 뿌리에서 조금 떨어진 곳에 웃거름을 주면 작물이 생기 있게 자란다.

스틱브로콜리

수확해서 그대로 먹어요

● 재배 기간

| 씨 뿌리기 : 2~7월 | 수확 : 5월 중순~11월 |
| 손질 : 4~11월(웃거름, 북주기, 솎아내기) | |

● 기르는 법

달걀 박스 등을 이용해서 씨를 뿌린다. 본잎이 2장 나오면 모종용 포트에 임시로 심었다가 재배 용기에 옮겨 심는다. 잎이 너무 무성해지지 않도록 적당하게 솎아 내면서 기른다. 일주일에 한 번 웃거름을 주고 2개월에 한 번은 북주기를 한다. 선단의 꽃봉오리를 순지르기하면 곁꽃봉오리가 잘 만들어진다.

미니토마토

샐러드에 빠질 수 없는 재료!

● 재배 기간

심기 : 4~6월	웃거름 : 5~6월
곁순지르기 : 5~6월	수확 : 7~8월

가지과(Solanaceae) _ 미니토마토는 비타민C가 일반 토마토보다 3.5배나 많다고 합니다. 더구나 집에서 기르면 완숙 상태에서 수확할 수 있어서 그야말로 방금 딴 열매의 단맛과 산미가 느껴져요.

● 기르는 법

※ 햇볕이 잘 들고 배수가 잘되는 곳에서 기르자!

1 좋은 모종 고르기 봄에 모종을 심는다. 줄기가 꼿꼿하고 꽃봉오리가 달린 모종을 고른다.

2 모종 심기 페트병 재배 용기에 되도록 얕게 심는다. 심는 동안 줄기가 상하지 않도록 주의한다.

3 물 듬뿍 주기 재배 용기 밑으로 물이 흘러나올 정도로 충분한 양의 물을 주고 2~3일간 그늘에 둔다.

4 곁순지르기 잎 순에서 나오는 작은 순(곁순)은 미리미리 제거한다. 손으로 따면 된다.

5 꽃이 핀다 노란색의 귀여운 꽃이 핀다. 품종에 따라 송알송알 달리기도 한다.

6 비료 더 주기 꽃이 필 때는 영양이 많이 필요하므로 물을 줄 때 10일에 한 번씩 액체 비료를 함께 준다.

7 열매 맺음 꽃이 피고 20일이 지나면 열매의 형태가 나온다. 이것을 결실(結實)이라고 한다.

8 완숙 후 수확 선명한 적색이 되면 수확한다. 수확한 후에도 열매는 계속 열린다.

오이

따자마자 통째로 아삭!

● 재배 기간

| 심기 : 5~7월 중순 | 순지르기 : 6~7월 |
| 속아내기 : 5~7월 중순 | 수확 : 7~8월 |

박과(Cucurbitaceae) _ 봄에 모종을 심어 놓으면 여름에 30~40일 동안 수확을 즐길 수 있습니다. 다 자란 오이는 등이 조금 굽은 것도 있지만 직접 길러서 맛볼 수 있는 애교 정도로 생각해 주세요.

● 기르는 법

※ 햇볕이 잘 들고 배수가 잘되는 곳에서 기르자!

1 깊이가 있는 용기 준비하기 오이는 지주대를 사용하므로 깊이가 20cm 이상 되는 재배 용기가 적당하다.

2 모종 심기 뿌리가 상하지 않도록 조심해서 모종을 가져와서 되도록 얇게 심는다.

3 임시 지주대 세우기 오이 모종은 쉽게 쓰러지므로 지주대를 세워서 기대어 놓는다. 뿌리에서 조금 떨어진 곳에 지주대를 세운다.

4 기둥에 줄기 묶기 철심이 들어간 끈(컬러 철심 타이)으로 줄기와 지주대를 8자 모양으로 묶는다. 묶을 때에는 느슨하게 해야 한다. 이것을 결속(結束)이라고 한다.

5 물 듬뿍 주기 재배 용기 밑으로 흘러나올 정도로 충분한 양의 물을 준 다음 2~3일 동안 그늘에 놓아둔다. 물이 마르지 않도록 하는 것이 가장 중요하다.

6 줄기와 넝쿨 엮기 위에서 봤을 때 오이를 중심으로 정사각형 모양의 꼭짓점이 되는 부분 4곳에 지주대를 세운다. 줄기와 넝쿨이 어느 정도 자라면 균형 있게 엮는다. 지주대와 결속한다.

7 열매는 수꽃이 질 때쯤 이 단계에서 수확한 열매를 '애오이'라 한다.

8 본격적인 수확 6월 정도부터 본격적으로 수확한다. 잘 익은 것부터 차례대로 수확하자.

풋콩
금방 딴 풋콩은 맥주 안주로도 좋아요

● 재배 기간

심기 : 4~5월	웃거름 : 5~6월
곁순지르기 : 5~6월	수확 : 7~9월 중순

콩과(Fabaceae) _ 영양이 풍부해서 '밭에서 나는 쇠고기'라고 불리는 대두의 어린 콩이 풋콩입니다. 대두에는 없는 비타민C도 풍부합니다. 소금을 넣고 삶아서 말랑할 때 먹으면 맥주 안주로도 그만이지요.

● 기르는 법

※ 새가 먹지 못하게 주의하자!

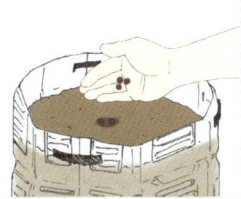

1 봄에 씨 뿌리기 페트병 재배 용기에 흙을 넣고 손가락으로 가운데에 공간을 만들어서 씨앗을 5~6개 뿌린다. 비료는 특별히 줄 필요 없다.

2 물 듬뿍 주기 구멍을 만들 때 나온 흙으로 덮는다. 용기 밑으로 물이 흘러나올 정도로 충분히 물을 준다.

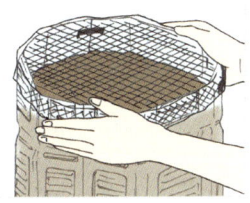

3 덮개 씌우기 풋콩 씨앗은 비둘기 등 새들이 아주 좋아하므로 새들이 먹어 버리지 않게 망사나 모기장으로 덮어 둔다.

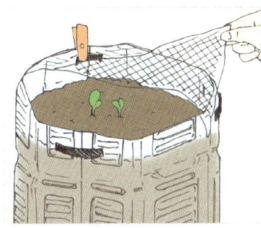

4 발아하면 덮개 치우기 일주일 정도 지나면 싹이 나온다. 싹이 나오면 덮개를 걷어 낸다. 햇볕이 잘 드는 장소에서 키우면서 겉흙이 마르면 물을 듬뿍 준다.

5 잎이 나오면 두 포기만 잎이 2~3장 나오면 포기 중 허약한 것은 뽑고 두 포기 정도만 남긴다.

6 잎 선단 떼어 내기 잎이 5~6장이 되면 줄기 끝을 잘라준다. 옆으로 가지가 뻗어 나가면서 열매(꼬투리)가 많이 열리게 된다.

7 꼬투리가 부풀면 수확 꼬투리가 많이 달리면서 꼬투리 한 개에 콩이 3개 정도 부풀어 올랐을 때 수확한다.

8 잘 익은 꼬투리부터 수확 꼬투리 속의 콩이 튀어나올 정도가 되면 바로 수확하자. 늦으면 콩이 딱딱해진다.

완두
바로 따서 좋은 향을 즐기자!

● 재배 기간

씨 뿌리기 : 10월 중순 ~ 11월 중순	토양 피복(멀칭) : 11월 ~ 다음해 3월
	수확 : 5~6월

콩과(Fabaceae) _ 완두에는 '꼬투리완두', '스낵완두', '열매완두' 등의 종류가 있습니다. 기르는 방법은 모두 같습니다. 베란다에서 기를 때는 지주대를 세워서 기르세요.

● 기르는 법

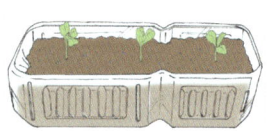

1 모종 심기 재배 용기에 3~4포기를 심는다. 심은 뒤에 물을 듬뿍 주고 2~3일 동안 그늘에 둔다.

2 햇볕이 잘 드는 곳에서 모종이 자리를 잡으면 햇볕이 잘 들고 바람이 강하게 불지 않는 곳으로 이동해서 키운다.

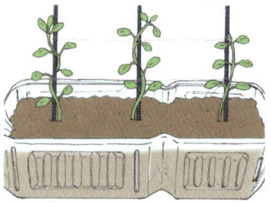

3 지주대 세우기 지주대는 3~4개를 세운다. 지주대 사이를 끈으로 가로로 감아 두면 덩굴은 알아서 지주대와 끈을 타고 자란다.

4 스위트피 같은 꽃이 핀다 스위트피와 같은 귀여운 꽃이 연달아 핀다. 꽃이 피기 시작할 무렵에 웃거름을 준다.

5 꼬투리가 달린다 꽃이 지면 꼬투리가 달린다. 꽃이 피고 20~30일이 지나면 수확할 수 있다.

6 열매가 너무 커지기 전에 수확 수확 시기는 품종에 따라 조금씩 다르다. 꼬투리완두는 콩이 부풀어 오르기 전에(왼쪽), 열매완두는 꼬투리에 주름이 잡히면(가운데), 스낵완두는 콩이 통통해지면(오른쪽) 수확한다.

🌱 여주(고야)

오키나와의 건강 채소로 유명해요

● 재배 기간

씨 뿌리기 : 4~5월	손질 : 5월(지주대 세우기)
심기 : 5월	4월 말 ~ 6월(네트 치기)
수확 : 7~8월	

박과(Cucurbitaceae) _ 독특한 쓴맛이 나는 여주. 일본 오키나와의 고야라는 이름으로 유명해진 채소입니다. 영양이 풍부해서 여름에 더위로 인한 탈진 예방에 좋습니다. 해충에 강하고 초보자도 쉽게 기를 수 있습니다.

● 기르는 법

※ 지주대와 네트를 쳐서 적절하게 유인하는 것이 성공의 지름길!

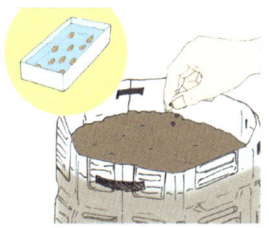
1 씨 뿌리기 4~5월에 씨를 뿌린다. 씨는 물에 하룻밤 불린 뒤 뿌리면 싹이 잘 튼다.

2 발아 씨의 껍질 부분이 단단해서 싹이 나오려면 시간이 걸린다.

3 작은 모종 제거(솎아내기) 싹이 나온 뒤 본잎이 3~4장 정도가 되면 솎아 내기를 한다.

4 물주기 흙이 건조해지지 않도록 한다. 자라는 정도를 보면서 희석한 액체 비료로 웃거름을 준다.

5 꽃이 핀다 황색의 귀여운 꽃이 핀다.

6 열매 맺기 꽃이 지면서 그 자리에 열매가 달리기 시작한다.

7 초록색이 되면 수확 선명한 초록색 열매부터 수확한다.

8 그대로 두면 황색으로 황색이 된 열매는 먹을 수 없지만, 쪼갠 안쪽의 붉은색 씨 주변은 단맛이 나므로 먹을 수 있다.

피망

수확량이 많아 더욱 좋아요

● 재배 기간

씨 뿌리기 : 4월	손질 : 4월 중순
심기 : 4~5월	~8월 중순(지지대 세우기)
수확 : 6~10월	

가지과(Solanaceae) _ 단고추라고 불리는 피망은 고추와 같은 종입니다. 그래서 고추나 꽈리고추와 키우는 법은 같습니다. 병과 해충에 강해서 초보자도 기르기 쉬운 채소입니다.

● 기르는 법

※ 물을 줄 때 웃거름도 함께 주자!

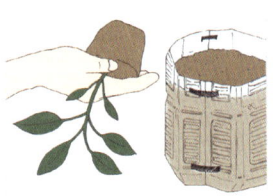

1 큰 재배 용기 준비 피망은 크게 자라므로 대형 페트병 재배 용기를 준비하자. 뿌리가 부서지지 않도록 조심하면서 모종을 준비한다.

2 배수가 잘되도록 될 수 있으면 얕게 심고, 밑둥치를 약간 높게 해서 물이 잘 빠지게 한다. 뿌리가 보이지 않을 정도로만 흙을 덮는다.

3 지주대 세우기 작물이 커지면 지주대에 기대게 한다. 뿌리에서 조금 떨어진 곳에 지주대를 세우고 줄기와 지주대를 여유를 주면서 8자로 묶는다.

4 물을 듬뿍 주기 재배 용기 밑으로 물이 흘러나올 정도로 충분히 물을 준다. 2~3일 정도 그늘에 둔다. 이때 웃거름을 준다.

5 열매가 열린다 꽃이 피고 15일 정도 지나면 열매가 열리기 시작한다. 꽃이 피고 20~25일 정도 후 수확할 수 있다.

6 부드러운 것부터 수확 열매가 커져서 선명한 초록색이 되면 수확한다. 손으로 만져서 말랑한 것부터 수확한다.

7 수확은 제때에 그대로 두면 열매가 빨갛게 변하면서 단단해진다. 이것은 빨강 피망과는 다르므로 늦지 않게 수확한다.

8 웃거름 주기 수확을 많이 한 뒤에는 작물이 약해진다. 수확 후 화학 비료를 주면 가을까지 수확을 계속할 수 있다.

딸기

추위에도 강한 비타민C의 보고

● 재배 기간

심기 : 10~11월 수확 : 4~6월
웃거름 : 1~2월 번식 방법 : 6~8월

장미과(Rosaceae) _ 딸기는 레몬의 2배나 되는 비타민C를 포함하고 있어서 딸기 6~7개로 하루치 비타민C 섭취량을 해결할 수 있습니다. 추위에 강해서 가정에서도 쉽게 기를 수 있지요. 봄이 되면 흰색 꽃이 피어 귀여운 꽃을 감상하는 즐거움도 있어요.

● 기르는 법

※ 포복 줄기로 번식할 어린 모종은 다음번 어미 포기!

1 모종 준비 가을에 모종을 심는다. 모종용 포트에 든 모종을 구입하거나 모종을 가지고 있는 사람에게 나눠 받는다.

2 모종 심기 재배 용기에 3~4포기 심는다. 되도록 얕게 심고 열매를 맺는 쪽을 한쪽으로 맞춘다.

3 물 듬뿍 주기 모종을 심은 뒤 물을 충분히 주고 2~3일 정도 그늘에서 모종을 안정시킨다.

4 봄에 꽃이 핀다 봄이 되면 흰색 꽃이 핀다. 좋은 꽃은 수술이 길다.

5 열매가 달린다 꽃이 지면 열매가 달린다. 햇볕을 많이 받을 수 있는 환경을 만들어 주자.

6 열매가 빨갛게 익는다 꽃이 피고 30~40일이 지나면 수확기다. 수확은 가능하면 아침에 한다.

7 수확적기 완전히 익은 것부터 수확한다.

8 이어받아서 포기나누기 딸기는 포복 줄기로 번식한다. 포복 줄기를 자르면 그 상태로 어린 모종이 된다.

토마토
열매채소의 왕

● 재배 기간

| 심기 : 4～6월 | 웃거름 : 5～7월 |
| 곁순지르기 : 5～6월 | 수확 : 4～6월 |

● 기르는 법

미니토마토와 기르는 법은 거의 같다. 토마토 쪽이 조금 더 손이 많이 간다. 토마토는 크게 자라므로 모종을 심은 뒤에 지주대를 세운다. 잎이 달리는 곳에서 나오는 작은 순(곁순)은 빠른 시기에 제거한다. 꽃이 피고 50~60일이 지나면 수확할 수 있다. 토마토는 아래에 있는 열매부터 빨갛게 물이 든다.

가지
다양한 요리에 사용해요

● 재배 기간

심기 : 5월	수확 : 4～6월
가지고르기 : 6월, 8월(잘라내기)	
웃거름 : 6월 중순～9월 중순(월 2회 정도)	

● 기르는 법

봄에 심어서 잘만 키우면 가을까지 제법 오랫동안 수확할 수 있다. 배수가 좋아야 잘 자라므로 모종을 심을 때에는 약간 얕게 심고, 밑동치를 주변 흙보다 높게 한다. 작물이 크게 자라므로 지주대를 세운다. 첫 번째 꽃이 피면 곁순을 서둘러 제거한다. 그리고 첫 번째 열매도 빨리 수확해야 한다. 첫 열매를 크게 키우면 작물이 약해져서 오랫동안 수확하기 어려워진다.

강낭콩
씨앗부터 키워도 간단해요

● 재배 기간

봄	가을
씨 뿌리기 : 4월 중순～5월 중순	씨 뿌리기 : 6～7월 초
심기 : 4월 중순～5월 중순	심기 : 6월 중순～7월 중순
수확 : 6월 중순～8월 초	수확 : 7월 중순～8월

● 기르는 법

강낭콩은 덩굴이 있는 것과 없는 것이 있는데, 가정 채소밭에는 덩굴이 없는 것이 간단하게 키울 수 있어서 좋다. 모종을 화분에 옮겨 심을 때는 뿌리가 상하지 않도록 주의하자. 모종이 자리를 잡으면 햇볕이 잘 드는 장소로 옮긴다. 덩굴이 없는 강낭콩은 꽃이 한꺼번에 펴서 액체 비료로 웃거름을 주어야 한다. 꽃이 지고 10일 정도가 지나면 꼬투리가 생긴다.

이탈리안 파슬리

샐러드에 잘 어울리는 영양 만점 허브

● 재배 기간

심기 : 3~7월, 9~10월
솎아내기 : 4월 중순~5월(본잎 2~3장), 9월 말~10월
보습 : 7~8월(햇볕 가려주기), 11~다음 해 4월
번식 방법 : 6~8월   수확 : 2년째까지

미나리과(Apiaceae)/두해살이풀 _ 파슬리보다 평평하고 섬세한 잎이 나오는 이탈리안 파슬리. 사용법은 파슬리와 같지만, 파슬리보다 향이 좀 더 강합니다. 하지만 어떤 요리에나 잘 어울려서 광범위하게 사용할 수 있는 향입니다.

● 기르는 법

※ 손질을 겸해서 수확도 한다.

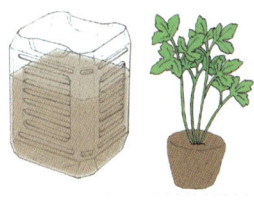

1 모종 고르기 한여름과 한겨울을 제외하고 언제든지 심을 수 있다. 옮겨심기에 약하므로 어린 모종을 고른다.

2 재배 용기에 옮기기 페트병 재배 용기에 옮겨 심는다. 뿌리가 상하지 않도록 조심해서 모종을 옮긴다.

3 배수를 원활하게 밑둥치를 약간 높게 해서 물이 잘 빠지게 한다.

4 물 듬뿍 주기 모종이 쓰러지지 않도록 흙을 모아 주고 물은 충분하게 준다. 2~3일 그늘에 둔다.

5 잎이 자라면 수확 잎이 10장 정도 나오면 수확한다. 밑의 잎을 남겨 두고 수확하면 다시 잎이 자란다.

6 어린잎을 수확 필요한 만큼만 어린잎을 딴다. 가위로 줄기째 잘라도 된다.

7 꽃이 피면 본격적 수확 꽃이 피면 잎이 뻣뻣해지므로 꽃이 필 기미가 보이면 꽃을 미리 따 낸다. 1년 내내 수확할 수 있고 실외에서도 겨울을 날 수 있지만, 두해살이풀이므로 2년째의 5월 정도에 꽃이 피고 나면 작물이 시든다.

바질
이탈리아 요리에 빠질 수 없는 허브

● 재배 기간

심기 : 4월 중순 ~ 8월 중순	개화 : 6 ~ 9월
꺾꽂이 : 6월 중순 ~ 8월	수확 : 6 ~ 10월

꿀풀과(Lamiaceae)/한해살이풀 _ 바로 딴 싱싱한 바질을 방으로 가져오면 뭐라 표현할 수 없는 좋은 향기가 퍼지지요. 바질은 무럭무럭 잘 자랍니다. 그에 맞춰서 만드는 요리의 종류도 다양하게 늘려 보세요.

● 기르는 법

※ 순지르기를 하면 수확량이 늘어난다!

1 좋은 모종 고르기 봄에 잎이 잔뜩 달린 모종을 골라 심는다. 심을 때는 밑둥치를 약간 높게 만들어 물이 잘 빠지게 한다.

2 물 듬뿍 주기 재배 용기 밑으로 물이 흘러나올 정도로 충분하게 물을 준다. 2~3일 동안 그늘에 둔다.

3 가지가 자란다 주지(主枝, 원줄기)가 위로 자란다. 곁가지가 자라면 잎을 수확한다.

4 상부의 잎 따기 잎이 10장 정도 나오면 상부의 잎을 4~5장 딴다. 잎은 싱싱할 때 사용한다.

5 수확은 가위로 주지가 20~25cm가 되면 상부에서 마디 밑을 잘라 준다. 이것을 순지르기라고 한다. 순지르기 후 액체 비료로 웃거름을 준다.

6 본격적인 수확 6월 정도 꽃이 피기 직전이 수확 적기이다. 이때 크고 향이 좋은 잎을 많이 수확할 수 있다.

7 꽃이 핀다 꽃이 피기 직전은 잎이 좀 더 부드럽고 향도 좋다. 맑은 날 오전 중에 수확하는 것이 가장 좋다.

8 꽃 따기 꽃이 피기 시작하면 잎이 뻣뻣해지고 수확량도 적어지므로 꽃은 미리 따 놓는다. 꽃을 딴 후에는 작물이 약해지므로 웃거름을 준다.

민트

싱그러운 청량감으로 인기가 있는 허브

● 재배 기간

| 씨 뿌리기 : 4월 중순~9월 | 꺾꽂이 : 3월 중순~10월 중순 |
| 심기 : 3월 중순~5월 | 수확 : 3~10월 중순 |

꿀풀과(Lamiaceae)/여러해살이풀 _ 익숙한 페퍼민트와 스피어민트 외에도 사과와 파인애플의 신선한 과일 향이 나는 것도 있습니다. 샐러드, 허브 티, 과자에도 사용하는 등 만능으로 이용하는 허브입니다.

● 기르는 법

※ 성장이 아주 빠르므로 뿌리가 엉키지 않도록 주의!

1 재배 용기에 심기 민트는 수분을 좋아해서 플라스틱 재배 용기에서 잘 자란다.

2 흙넣기 모종과 용기 사이에 배양토를 넣어 준다. 밑둥치가 약간 높아지게 해서 물이 잘 빠지도록 한다.

3 물 듬뿍 주기 재배 용기의 밑으로 물이 흘러나올 정도로 충분하게 물을 준다. 2~3일 정도 그늘에 둔다.

4 가지가 자란다 가지가 몇 개 정도 쑥쑥 자라고, 잎이 달리면 수확한다.

5 어린잎을 수확 새로 나온 부드러운 잎부터 딴다. 잎을 조금 남겨 두면 다시 자라난다.

6 꽃이 피기 전에 수확 여름부터 가을에 걸쳐서 꽃이 핀다. 꽃이 피고 나면 잎이 뻣뻣해지므로 꽃이 피기 직전에 수확한다.

7 꽃 따기 잎만을 이용할 때는 꽃을 잘라 낸다. 꽃을 잘라 주면 가지가 옆으로 뻗어 잎이 나와서 수확량이 늘어난다.

8 너무 자란 줄기는 자른다 수확하지 않을 때에도 줄기가 너무 많이 자란 것은 잘라 준다. 잘라 낸 다음에는 웃거름을 준다.

캐모마일
몸과 마음을 편안하게 해 주는 허브

● 재배 기간

| 심기: 3월 중순~7월 중순 | 개화: 5월 중순~7월 중순 |
| 9월 중순~11월 중순 | 수확: 5~7월 |

국화과(Asteraceae) _ 귀여운 작은 꽃과 사과향이 나는 달콤한 향기가 특징인 캐모마일. 따서 향기를 즐긴 후에는 허브티로 마셔 보세요. 서로 혹은 한쪽이 도움을 주는 공영(共榮)식물로도, 해충과 병해 방지용으로도 활약합니다.

● 기르는 법

※ 햇볕이 잘 드는 곳에서 기르자. 건조에 주의!

1 모종 준비 모종을 준비한다. 줄기가 부드러우므로 부러지지 않게 조심한다.

2 심을 때 배수를 원활하게 밑둥치를 주변의 흙보다 약간 높게 해서 물이 잘 빠지게 한다.

3 물 듬뿍 주기 재배 용기 밑에서 물이 흘러나올 정도로 충분하게 물을 준다. 2~3일 동안 그늘에 둔다. 10일에 한 번 정도 액체 비료(물과 함께)를 준다.

4 꽃 중심이 부풀어 오른다 꽃 중심의 황색 부분이 부풀어 오른다.

5 꽃이 부풀면 수확 꽃이 부풀어 오르고 꽃잎이 젖혀지면 수확 적기이다. 이때가 향이 가장 좋다.

6 꽃 수확 맑은 날 오전 중에 꽃을 딴다. 꽃은 계속 펴서 매일 수확할 수 있다.

7 너무 긴 가지 자르기 옆으로 자란 가지와 무성해진 가지를 자른다. 이렇게 손질을 해 주면 각 부위에 영양이 골고루 전달된다.

8 비료 추가하기 꽃을 많이 수확한 후에는 화학 비료를 준다. 초여름까지 수확할 수 있다.

타임

1년 내내 수확할 수 있어요

● 재배 기간

씨 뿌리기: 3월 중순 ~ 10월 중순	수확: 1 ~ 12월
심기: 4월 중순 ~ 11월	
번식 방법: 4월 중순 ~ 6월(포기나누기), 9 ~ 10월(포기나누기), 4 ~ 10월(꺾꽂이)	

꿀풀과(Lamiaceae)/여러해살이풀 _ 요리에 깊이와 풍미를 더해 주는 타임은 서양에서는 오래전부터 이용해 온 허브입니다. 초여름에 흰색과 분홍색의 예쁘고 작은 꽃이 피면서 강한 향이 납니다. 한 번 심으면 1년 내내 수확을 즐길 수 있습니다.

● 기르는 법

※ 가지가 마르면 꺾꽂이로 다시 살리자

1 흙넣기 재배 용기와 모종 사이에 흙을 넣어서 모종을 안정시킨다.

2 배수 잘되게 하기 밑둥치의 위치가 조금 높아지도록 밑둥치에 흙을 모아 준다.

3 물을 듬뿍 주기 재배 용기 밑에서 물이 흘러나올 정도로 충분하게 물을 준다. 2~3일 동안 그늘에 둔다.

4 1년 내내 수확 잎은 1년 중 아무 때나 수확할 수 있다. 줄기잎이 자라면 가지째 수확한다. 밑 부분을 남겨 두면 다시 수확할 수 있다.

5 많이 자라면 옮겨심기 줄기가 커지면 대형 페트병 재배 용기에 옮겨 심는다.

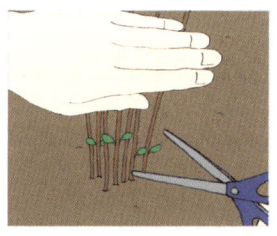
6 잘라내기 꽃이 지면 갈색으로 단단해진 가지를 밑둥치 가까이에서 잘라 낸다. 이것을 잘라내기라고 한다.

7 어린 가지만 남기기 색깔이 좋은 어린 가지를 남겨 두면 다시 새로운 싹이 나온다. 잘라서 옮긴 뒤 웃거름을 준다.

8 꺾꽂이로 새롭게 타임은 꺾꽂이로 쉽게 늘려갈 수 있다. 부드러운 어린 가지보다 목질화된 가지 쪽이 빨리 뿌리를 내린다.

로켓 샐러드 (루꼴라)

참깨 풍미로 샐러드에 최적인 허브

● 재배 기간

심기 : 4월 중순 ~ 6월 중순, 10 ~ 11월
잎 수확 : 6월, 10월 중순 ~ 11월 중순
꽃대 수확 : 4월 중순 ~ 5월 중순

십자화과(Brassicaceae)/한해살이풀 _ 크레송과 같은 매운맛과 참깨의 풍미를 함께 지닌 허브입니다. 이탈리아 등 지중해 연안에서 많은 사랑을 받는 채소입니다.

● 기르는 법

※ 햇볕, 배수. 물주기에 모두 신경 쓰자!

1 좋은 모종 고르기 한여름과 한겨울을 제외하고 언제 심어도 상관없다. 잎이 크고 색깔이 선명한 모종을 고른다.

2 재배 용기에 심기 페트병 재배 용기에 배수성과 보수성이 좋은 흙을 넣고 모종을 심는다.

3 물 듬뿍 주기 물을 듬뿍 주고 2~3일 동안 그늘에 둔다.

4 잎이 커지면 수확 길이가 10cm 이상이 되면 잎을 수확한다. 잎은 조금 남겨 두면 다시 자란다.

5 잎을 수확한다 부드럽고 색깔이 좋은 잎을 골라 자른다. 많이 수확하면 액체 비료를 준다.

6 초여름에 꽃 6~8월이 되면 꽃줄기(꽃이 피는 대)가 쭉 뻗어 올라와서 흰색 꽃을 피운다. 이것을 '추대'라고 한다.

7 꽃피기 전에 수확 꽃이 피면 잎이 뻣뻣해진다. 잎만 이용할 때는 꽃대를 잘라 준다.

8 꽃이 지면 시든다 꽃을 이용할 때는 꽃피기 전에 수확한다. 로켓 샐러드는 한해살이풀이므로 꽃이 지면 시들어 버린다.

레몬밤

레몬향이 물씬 나는 허브

● 재배 기간

| 심기 : 4~5월, 9~10월 | 수확 : 4월 중순~10월 중순 |
| 번식 방법 : 3월 중순~4월(포기나누기), 5~6월(꺾꽂이) |
| 9~10월(포기나누기) |

꿀풀과(Lamiaceae)/여러해살이풀 _ 레몬밤은 이름 그대로 레몬 향이 나는 허브입니다. 손에 놓고 탁 치면 레몬 향이 확 퍼져 나갑니다. 아주 튼튼해서 기르기도 쉽지요. 1년 내내 향기로운 허브 티를 제공해 주는 레몬 밤은 꺾꽂이로 간단하게 늘릴 수 있습니다.

● 기르는 법

※ 냉동 보존하면 2~3개월까지 보존!

1 좋은 모종 고르기 옮겨심기는 봄과 가을에 한다. 잎이 크고 색이 선명한 모종을 고르자.

2 재배 용기에 심기 페트병 재배 용기에 옮겨 심는다. 레몬밤은 건조에 약하므로 재배 용기는 플라스틱 제품이 좋다.

3 물 듬뿍 주기 재배 용기 밑으로 물이 흘러나올 정도로 충분하게 물을 준다. 2~3일 동안 그늘에 둔다.

4 어린잎을 수확 잎이 무성해지면 어린잎부터 따서 이용하자. 잎은 언제라도 수확할 수 있다.

5 수확과 손질을 함께 잎이 무성해지면 통풍이 안 돼서 열기가 발생한다. 수확을 겸해서 적절하게 가지를 정리해 준다.

6 통풍이 잘되도록 가지마다 몇 군데 정도 잘라서 통풍이 잘되게 한다. 잘라낸 가지는 꺾꽂이로 이용할 수 있다.

7 새순이 나온다 잎을 남겨 두면 새순이 나온다. 수확을 자주 해 주자.

8 초여름에 꽃이 핀다 6~7월에 흰색의 귀여운 꽃이 핀다. 꽃이 피기 시작할 때가 가장 향이 좋다.

로즈마리

독특한 향이 있는 허브

● **재배 기간**

| 심기 : 4~6월, 9~10월 | 수확 : 4~11월(매년 가능) |
| 반음지로 이동 : 4~5월(꺾꽂이), 9~10월 | |

꿀풀과(Lamiaceae) _ 로즈마리는 뇌 활동을 활성화하는 작용이 있다고 합니다. 단단한 잎은 감자 요리와 잘 어울리지요. 화이트와인에 잎 2~3장을 며칠만 담가 두면 로즈마리 와인이 됩니다.

● **기르는 법**

※ 왕성한 성장력! 잎이 무성해지지 않도록 주의!

1 모종 준비 페트병 재배 용기에 심는다. 모종용 포트를 뒤집어서 모종을 꺼낸다.

2 깊이 조절하기 모종을 놓고 상태를 본다. 밑동치가 약간 높아지도록 하면 물이 잘 빠진다.

3 흙넣기 재배 용기와 모종 사이에 흙을 넣고 모종의 자리를 잡는다.

4 배수가 잘되도록 밑동치가 조금 높아지게 흙을 모아 준다.

5 물 듬뿍 주기 재배 용기의 밑으로 물이 흘러나올 정도로 충분하게 물을 준다. 2~3일 동안 그늘에 둔다.

6 1년 내내 수확 잎은 1년 중 언제라도 수확할 수 있다. 곁가지가 자라면 가지째 수확한다. 잎을 조금씩 남겨 두면 다시 잎이 자란다.

7 커지면 옮겨심기 줄기가 점점 단단해지면서 목질화되면 대형 페트병 재배 용기로 옮겨 심는다. 적절히 손질해 주면 1년 내내 수확할 수 있다. 어린줄기도, 목질화된 줄기도 꺾꽂이는 가능하다. 로즈마리는 성장력이 왕성하므로 꺾꽂이를 해서 간단하게 늘릴 수 있다. 순지르기한 다음에도 꺾꽂이로 늘려나가 보자.

알로에
높은 영양가가 매력적이에요!

● 재배 기간

심기 : 4~5월   포기나누기 : 3~4월, 9~10월
수확 : 3~12월초   작업 : 4~6월(2년 이후 옮겨심기)

● 기르는 법

약효도 좋고 기르는 법도 간단해서 가정 채소밭에 적당한 채소다. 알로에는 기온이 높은 장소와 햇볕을 좋아한다. 약간 건조한 환경에서 잘 자라므로 물도 일주일에 한 번 정도만 주어도 충분하다. 그래도 여름에는 수분 증발 속도가 빠르므로 상태를 봐가면서 물을 준다. 2년째 이후는 큰 재배 용기로 옮긴다.

오레가노
이탈리아 요리에 잘 어울려요

● 재배 기간

심기 : 4~5월, 9~10월   수확 : 3~10월(매년 가능)
포기나누기 : 3~5월, 9~10월

● 기르는 법

오레가노는 양지바른 곳에서도 그늘에서도 잘 자라지만, 배수는 신경 써야 한다. 약간 건조한 환경에서 잘 자라므로 물을 좀 적게 준다. 흙이 건조해지면 물을 준다. 오레가노는 뿌리가 아주 잘 자라므로 재배 용기 바닥으로 뿌리가 나오면 바로 큰 용기로 옮겨 심는다.

크레송(물냉이)
고기 요리에 잘 어울려요

● 재배 기간

심기 : 3월, 9월   수확 : 3~11월
번식 방법 : 3월(포기나누기), 9월(포기나누기), 4~10월(꺾꽂이)

● 기르는 법

크레송은 더위에 약하고 추위에는 강하다. 서리만 조심하면 한겨울에도 잘 자란다. 단, 직사광선을 피한다. 배수가 잘되는 흙에 심고, 뿌리가 내릴 때까지 흙이 마르지 않게 물을 계속 주면서 신경을 쓴다.

🌱 코리앤더(고수풀)

에스닉 요리에 자주 등장

● 재배 기간

심기 : 4~5월, 9~10월　　수확 : 4~9월
번식 방법 : 4~5월(씨 뿌리기), 9~10월(씨 뿌리기)

미나리과(Apiaceae)/두해살이풀 _ 코리앤더는 배수가 잘되기만 하면 반음지에서도 잘 자란다. 심을 때 밑둥치를 주변 흙보다 높게 해서 물이 잘 빠지게 한다. 성장 중에서 겉흙이 마르면 물을 듬뿍 준다. 꽃이 지고 생긴 씨도 수확한다.

🌱 차이브

파꽃 같은 꽃이 피어요

● 재배 기간

심기 : 4~5월, 9~10월　　수확 : 3~11월(매년 가능)
번식 방법 : 4~6월(포기나누기), 9~10월(포기나누기)

백합과(Liliaceae)/여러해살이풀 _ 차이브는 배수가 잘되는 흙에서 수분을 충분히 공급하기만 하면 반음지에서도 기를 수 있다. 흙이 마르면 시들어 버리니 적절한 습기를 유지해 준다. 5~6월 무렵 꽃이 피면 꽃의 밑둥치 근처를 잘라 낸다. 꽃은 생으로도 먹을 수 있지만, 잎만 사용한다면 꽃이 봉오리일 때 수확해야 한다.

🌱 세이보리

매콤하고 싱싱한 풍미

● 재배 기간

심기 : 3~4월, 9~10월　　수확 : 4~10월
번식 방법 : 4~6월(포기나누기), 9~10월(포기나누기)

꿀풀과(Lamiaceae)/상록반저목 _ 섬머 세이보리와 윈터 세이보리가 있다. 집에서 기르기에는 2년째부터 목질화하는 윈터 세이보리가 좋다. 약간 건조한 환경에서 잘 자라므로 물은 좀 적게 준다. 가지가 서로 겹칠 정도로 무성해지면 손질을 겸해서 가지째로 잘라 수확한다. 통풍이 잘되게 해줘야 한다.

🌱 회향

생선 요리와 잘 어울려요

● 재배 기간

심기 : 4~5월, 9~10월　　수확 : 4~11월(매년 가능)
번식 방법 : 4~5월(씨 뿌리기), 9~10월(씨 뿌리기)

미나리과(Apiaceae)/여러해살이풀 _ 회향은 양지 바르고 배수가 좋고 거름을 잘 준 흙에서 잘 자란다. 추위에 강하므로 실외에서 겨울을 날 수 있다. 단지 여름에 열기로 인한 건조에는 견디지 못하니 주의한다. 성장 중에는 물을 충분히 주면서 2~3주에 한 번씩 액체 비료로 웃거름을 준다.

🌱 타라곤
프랑스 요리에 잘 어울려요

● 재배 기간

| 심기 : 4~5월, 9~10월 | 수확 : 5~9월(매년 가능) |
| 번식 방법 : 5~7월(꺾꽂이), 9~10월(꺾꽂이) | |

국화과(Asteraceae)/여러해살이풀 _ 타라곤은 양지 바르고 배수가 좋은 곳에서 잘 자란다. 물기가 많으면 바로 시들어 버리므로 배수에 특히 신경 써야 한다. 성장 중에는 겉흙이 마르면 물을 듬뿍 준다. 여름철 고온다습한 날씨에 약하므로 통풍이 잘 되는 곳에 놓고 기르자.

🌱 캐러웨이
씨앗을 요리에 사용

● 재배 기간

| 심기 : 4~5월, 9~10월 | 수확 : 3~6월(2년째까지) |
| 번식 방법 : 4~5월(씨 뿌리기), 9~10월(씨 뿌리기) | |

미나리과/두해살이풀 _ 캐러웨이는 배수가 잘되고 항상 수분을 유지해 주기만 하면 튼튼하게 잘 자란다. 건조에 약하고 물이 마르면 바로 시들어 버리므로 양지보다는 반음지에서 잘 큰다. 꽃이 지고 나서 씨가 갈색이 되면 수확 적기이다.

🌱 딜(시라)
생선요리와 잘 어울려요

● 재배 기간

| 심기 : 3~4월 | 수확 : 5~7월 |
| 번식 방법 : 2~3월(씨 뿌리기), 9~10월 초(씨 뿌리기) | |

미나리과/두해살이풀 _ 딜은 옮겨심기에 약하다. 큰 재배 용기를 준비해서 햇볕이 잘 드는 곳에 놓고 배수가 잘되고 비옥한 흙을 담은 후 씨를 뿌린다. 여름에는 물을 충분히 주고 작물이 20cm 이상으로 성장하면 지주대를 세워 준다.

🌱 와일드스트로베리
아주 작고 귀여운 딸기

● 재배 기간

| 심기 : 4~6월, 9~10월 | 수확 : 3~6월, 9~10월 |
| 번식 방법 : 4~5월(포기나누기), 9~10월(포기나누기) | |

장미과(Rosaceae)/여러해살이풀 _ 와일드스트로베리는 햇볕을 잘 받으면 꽃이 많이 피고 열매도 많이 맺는다. 성장 중에는 햇볕이 잘 드는 장소에서 키우고 건조하면 잎이 시들므로 흙이 마르기 전에 물을 주도록 한다.

래디시

20~30일 만에 수확할 수 있어요!

● 재배 기간

봄	가을
씨 뿌리기 : 3~7월	씨 뿌리기 : 9~11월
수확 : 4~8월	심기 : 9월 중순~12월 초
솎아내기 : 4~7월	수확 : 10월 중순~12월
반음지로 이동 : 7월 중순~8월	
(석양이 들지 않도록)	

십자화과(Brassicaceae) _ 래디시는 수확이 빠른 것을 빗대서 '20일 무'라고 부르기도 합니다. 빨간색 외에도 흰색, 보라색, 주황색까지 품종도 다양해요. 1년 중 아무 때나 씨앗을 뿌려도 상관없습니다. 기르기가 간단해서 초보자가 시도하기 좋은 채소입니다.

● 기르는 법

※ 한여름과 한겨울에 기를 때는 한랭사(寒冷紗)를 준비하자

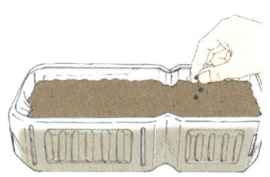

1 씨를 뿌린다 재배 용기의 흙에 씨앗을 흩뿌리기 한다. 씨앗 사이는 2~3cm 정도 간격을 둔다.

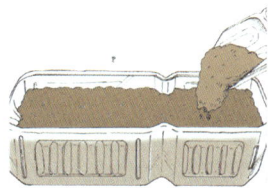

2 흙을 얇게 덮기 씨가 가려질 정도로만 아주 얇게 흙을 덮는다. 물을 듬뿍 주고 2~3일 정도 그늘에 둔다.

3 발아하면 물을 주기 시작 2~3일이 지나면 싹이 나온다. 싹이 나오면 햇볕이 잘 드는 곳으로 옮기고, 겉흙이 마르면 물을 듬뿍 준다.

4 잎이 무성해지면 작은 잎 뽑기 잎이 2~3장 나오면 작은 모종을 제거해서 잎과 줄기가 겹치지 않도록 한다. 이것을 솎아내기라고 한다.

5 흙이 마르지 않게 관리 흙이 마르면 진디가 생기므로 건조하지 않도록 물을 자주 준다.

6 성장이 더딘 모종은 제거 잎이 무성해지면 성장이 더딘 모종은 솎아낸다. 남길 모종의 밑둥치를 손으로 잡고 작은 모종을 뽑으면 잘 뽑힌다.

7 솎아내기를 자주 솎아내기를 안 하면 사진 왼쪽의 래디시처럼 작은 열매를 맺는다. 솎아내기를 자주 해줘야 한다.

8 줄기째 뽑아서 수확 뿌리의 지름이 2cm 정도로 커지면 수확 적기이다. 수확할 때는 잎의 밑둥치를 잡고 위로 뽑아 올린다. 뿌리가 아직 작은 것은 남겨 두면 곧 커진다.

미니당근
카로틴이 많은 영양 채소

● 재배 기간

봄	씨 뿌리기: 3월	가을	씨 뿌리기: 7월
	제초, 북주기: 4~5월		심기: 8~9월 중순
	수확: 6월 중순~7월 중순		제초, 북주기: 10~11월

미나리과(Apiaceae) _ 가정 채소밭에서는 작고 가늘어 요리하기 편한 미니당근(핑거 당근)을 기르면 좋습니다. 일반 당근보다 냄새도 약하고, 부드러워서 먹기 편합니다.

● 기르는 법

※ 냉동 보관하면 2~3개월까지 보존

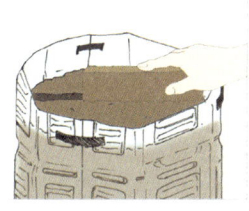

1 흙에 골 만들기 대형 페트병 재배 용기를 준비한다. 흙에 얕은 골을 한 줄 만든다.

2 씨 뿌리기 골을 만든 곳에 1cm 간격에 하나씩 씨를 뿌린다. 흙을 얇게 덮은 다음 물을 듬뿍 준다.

3 발아하면 물을 주기 시작 7~10일 지나면 싹이 나온다. 싹이 나오면 햇볕이 잘 드는 곳으로 옮기고, 겉흙이 마르면 물을 듬뿍 준다.

4 잎이 많아지면 작은 모종 뽑기 잎이 3~4장 정도 나와 빼곡해지기 시작하면 무성해진 부분을 솎아 낸다. 잎과 잎이 닿지 않을 정도까지 한다. 이것을 솎아내기라고 한다.

5 밑둥치에 흙 모아 주기 솎아내기를 한 후에는 모종이 쓰러지지 않도록 밑둥치에 흙을 조금 모아 준다. 이것을 북주기라고 한다.

6 뿌리 윗부분 감추기 뿌리 윗부분이 흙 위로 노출되면 초록색으로 변한다. 노출된 부분은 북주기를 해서 뿌리를 보호한다.

7 뿌리가 굵어지면 수확 뿌리 윗부분이 굵어져 있으면 수확 적기이다. 굵은 것부터 순서대로 수확한다.

8 포기째 수확 뿌리의 상부를 잡고 쑥 잡아당긴다.

십자화과(Brassicaceae) _ 소순무란 순무의 일종으로, 잎과 뿌리를 이용하는 채소입니다. 짧은 시간에 키울 수 있는 점도 좋고 1년 중 아무 때나 씨를 뿌려도 되어 편리합니다. 잎은 비타민A가 풍부하므로 수확하면 통째로 먹어 보세요.

소순무
단기간에 키울 수 있어요

● 재배 기간 (1년에 5번 가능)

① 씨 뿌리기 : 2～4월　솎아내기 : 3～4월　수확 : 5～6월
② 씨 뿌리기 : 6월　솎아내기 : 6월　수확 : 7월
③ 씨 뿌리기 : 7월 중순～8월 중순
　 솎아내기 : 7월 중순～8월 중순　수확 : 9～10월
④ 씨 뿌리기 : 9～10월 중순　솎아내기 : 9～10월 중순
　 수확 : 11～12월
⑤ 씨 뿌리기 : 11월 중순～12월 중순
　 솎아내기 : 12～다음해 1월　수확 : 11～12월

● 기르는 법

※ 흙이 고우면 순무도 곱다!

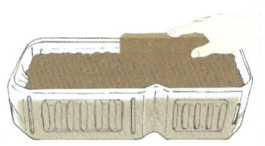

1 고운 흙 만들기 흙 알갱이가 고울수록 표면 감촉이 섬세하고 예쁜 순무가 자란다. 고운 흙을 준비하자.

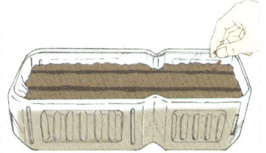

2 씨 뿌리기 흙에 얕은 골을 2줄 만든다. 골 안에 1cm 간격으로 1개씩 씨를 뿌린다. 흙을 얇게 덮고 물을 충분하게 준다.

3 발아하면 물 주기 4～5일 지나면 싹이 나온다. 싹이 나오면 햇볕이 잘 드는 곳으로 옮긴다. 겉흙이 마르면 충분히 물을 준다.

4 잎이 무성해지면 모종 뽑기 잎이 2～3장 나오면 작은 모종을 뽑아서 잎과 잎이 겹치지 않도록 한다. 이것을 솎아내기라고 한다.

5 흙이 마르지 않도록 흙이 마르면 뿌리가 잘 부서지고 진디가 생긴다. 흙이 마르지 않도록 물 주기에 주의한다.

6 성장이 더딘 모종은 제거 잎이 무성해지면 성장이 더딘 모종을 솎아낸다. 남길 모종을 손으로 잡고 작은 모종을 뽑으면 쉽게 뽑을 수 있다.

7 뿌리가 굵어지면 수확 뿌리의 지름이 5cm 정도까지 굵어지면 수확 적기이다. 수확 적기를 놓치면 심이 생기므로, 모양이 나쁘더라도 이때 수확한다.

8 포기별로 뽑아서 수확 잎의 밑동치를 잡고 뽑으면 간단하게 뽑힌다. 아직 뿌리가 작아서 남긴 포기도 조금만 지나면 굵어진다.

생강

요리에 빠질 수 없는 향신채소

● **재배 기간**

> 씨 뿌리기 : 5월
> 수확 : 7월 중순 ~ 8월(연필생강), 10 ~ 11월 중순(잎생강)
> 웃거름 : 6월 중순 ~ 7월(연필생강), 8월 중순 ~ 9월(연필생강)

생강과(Zingiberaceae) _ 기르는 도중에 수확 시기를 조절하면 연필생강, 잎생강 등 여러 크기로 수확할 수 있습니다. 여러 음식에 다양하게 활용하는 채소입니다. 반음지에서도 따뜻하기만 하면 아주 잘 자라서 초보자도 기르기 좋습니다.

● **기르는 법**

※ 발아까지 시간이 걸리지만, 초조해하지 말고 물을 듬뻑!

1 뿌리생강 심기 대형 페트병 재배 용기에 배수성이 좋은 흙을 넣고 깊이 5cm 정도의 골을 만든다. 싹눈이 위로 향하게 해서 10cm 간격으로 1개씩 심는다.

2 흙을 약간 두껍게 흙을 약간 두껍게 덮고, 재배 용기 밑으로 물이 흘러나올 정도로 충분하게 물을 준다. 반음지에 둔다.

3 발아하면 비료 주기 발아하면 밑둥치에 흙을 조금 모아 준다. 마감프-K를 뿌리에서 조금 떨어진 곳에 뿌린다.

4 잎이 자라면 수확 초여름에 잎이 자라면 연필생강을 수확할 수 있다. 연필생강이란 연필 크기의 생강을 말한다.

5 연필생강 수확 연필생강을 뿌리생강에서 떼어 낸다. 전부 수확하지 말고, 한 포기당 1~2개씩 따는 것이 적당하다.

6 커지면 수확 여름이 되면 생강의 잎과 줄기가 크게 자란다. 이것을 잎생강이라고 하며, 이때 본격적으로 수확한다.

연필생강(사진 위)과 뿌리생강(사진 아래). 둘 다 이용할 수 있다.

my first vegetable gardening

Part 3

기초 지식을 익혀두면
쉽게 채소를 기를 수 있어요

기초 지식만 제대로 익혀두면 누구나 신선한 채소를 수확할 수 있어요. 실패하지 않고 성공적으로 수확할 수 있는 핵심 지식을 소개합니다. 채소가 잘 자라는 토양 만들기와 비료의 종류, 꼭 필요한 도구, 모종 옮겨 심는 법 등을 자세하게 설명해 두었습니다. 기초를 잘 익혀서 맛있는 채소를 직접 길러 보세요.

씨 뿌리기

씨앗부터 기르기 시작하면 시간이 조금 걸리지만, 수확량이 많다는 장점이 있습니다. 채소나 허브의 씨 뿌리기 방법은 주로 흩뿌리기, 줄 뿌리기, 점 뿌리기 중 한 가지 방법으로 합니다.

※ 여기서는 2ℓ짜리 페트병 재배 용기 중 가로 타입으로 설명합니다. 물론 육묘판과 일반적인 재배 용기에 기를 때에도 방법은 같습니다.

점 뿌리기

포기와 포기 사이에 간격을 두고 키우는 채소

줄기가 크게 자라는 채소처럼 최종적으로 포기 사이의 간격을 크게 벌려 놓아야 할 필요가 있는 채소는 점 뿌리기를 합니다. 기준을 잡고 일정한 간격으로 구멍을 만드는 것이 요령입니다.

추천
무 | 배추 | 옥수수 | 오크라 | 강낭콩 | 오이 등

1 씨를 뿌릴 위치에 손가락을 찔러넣어 구멍을 만든다. 손가락 반 정도의 깊이로 판다.

2 구멍 한 개에 씨앗을 3~4개씩 뿌린다. 흙을 살짝 덮은 다음 물을 준다.

3 본잎이 나오기까지 서로 경쟁하면서 크도록 둔다. 본잎이 나오면 구멍 한 개에 가장 튼튼한 모종 하나만 남긴다.

흩 뿌리기

지름 1mm 이하의 작은 씨앗일 때

씨앗을 골고루 흩뿌리는 방법입니다. 씨앗이 작을 때 적합합니다.

추천
소송채 | 시금치 | 경수채 | 래디시 | 파드득나물 | 상추 등

1 (페트병에 흙을 가득 채우지 않고) 페트병의 위쪽 둘레에서 2cm 아래인 위치까지 배양토를 넣는다. 이때 사용하는 흙은 씨 뿌리기용 흙이 좋다.

2 손에 씨앗을 쥐고 흙 전체에 골고루 뿌린다.

3 뿌린 모습. 이때 씨앗의 간격이 촘촘한 부분이 생기더라도 나중에 속아내기를 하므로 상관없다.

4 그 위에 흙을 전체적으로 살살 뿌리고, 나무판 등으로 가볍게 누른다. 물은 몇 번에 나누어서 흙이 흐트러지지 않도록 살살 준다.

5 흙이 마르지 않도록 위에 신문지를 덮는다. 그 후에는 가끔 물을 주면서 키운다. 순이 올라오면, 무성한 부분은 핀셋 등으로 속아내고 튼튼한 것만 남긴다.

Point 1
혐광성과 호광성

씨를 뿌린 다음 그 위에 흙을 덮는 두께는 씨앗이 발아할 때의 햇빛 선호도로 정해집니다.

혐광성(嫌光性) : 빛이 적어야 발아하기 좋은 성질
→ 흙을 약간 두껍게 덮는다.

토마토 | 순무 | 무 | 피망 | 오이 | 호박 | 양파 | 파 등

호광성(好光性) : 빛이 많아야 발아하기 좋은 성질
→ 흙을 얇게 덮는다.

양배추 | 당근 | 경수채 | 소송채 | 쑥갓 | 고채(高菜, 씀바귀) | 배추 | 상추 등

Point 2
싹 틔우기

껍질이 단단하고 발아하기 어려운 씨앗은 깨끗한 물에 하루 정도 담가 두었다가 물에 적신 키친 페이퍼 등으로 감싸 두면 며칠 후에 싹이 나옵니다. 이것을 싹 틔우기라고 합니다. 이렇게 하면 발아가 고르게 됩니다. 싹이 아주 조금이라도 나오기 시작하면 묘상(苗床)에 뿌립니다.

Point 3
좋은 씨앗 구분법

씨앗 봉지 한 개에는 많은 씨앗이 들어 있습니다. 그중에서 주름진 것, 깨진 것, 색깔이 다른 것 등 상태가 나쁜 씨앗은 사용하지 않는 편이 좋습니다. 뿌리기 전에 상태가 좋지 않은 씨앗을 골라내세요. 그리고 물에 넣었을 때 가라앉는 것이 좋은 씨앗입니다.

 씨앗이 지름 1~2mm 정도의 크기일 때

씨앗의 크기가 지름 1~2mm 정도일 때에는 고랑을 파서 씨를 뿌리는 방법이 좋습니다. 한 줄로 씨앗을 뿌리기 때문에 솎아내기가 편합니다.

추천
당근 | 우엉 | 양파 | 순무 | 청경채 등 대부분 채소

줄 뿌리기

1 모종을 심을 때와 마찬가지로 재배 용기의 바닥에 화훼용 깔망을 깐다. 배수가 잘되도록 밑에는 마사토를 넣고, 그 위에 배양토를 넣는다.

2 나무판 등을 이용해서 흙 표면이 평평해지도록 고른다.

3 나무판이나 두꺼운 종이를 사용해서 깊이 5mm 정도의 골을 만든다.

4 종이를 반으로 접어서 씨앗을 담고, 골을 따라 씨를 뿌린다. 씨가 겹치지 않도록 한다.

5 그 위에 다시 흙을 살짝 덮어서 골을 묻는다. 그 다음에는 가볍게 물을 뿌리고, 신문지를 덮어서 발아할 때까지 햇볕이 잘 들지 않는 곳에서 관리한다. 발아하면 무성해지지 않도록 잘 솎는다.

🌱 모종 고르는 법

대부분 채소와 허브는 연질 비닐 포트에 넣어 판매합니다. 씨앗부터 길러도 좋지만, 채소를 처음 기르는 경우라면 모종을 사서 기르는 방법을 추천합니다. 이때 건강한 모종을 고르는 법은 가장 중요한 요령입니다. 시판 모종을 고를 때에는 오른쪽 바질 사진에 표시된 사항에 유의하세요.

- 잎에 벌레 먹은 흔적이나 마른 부분이 없는 것
- 잎이 마르지 않았고, 윤기가 있고, 형태가 좋은 것
- 작물의 키가 낮더라도 마디와 마디가 꽉 차서 비실거리는 도장(徒長, 웃자라기)이 없는 것

🌱 물 주기

식물이 성장하는 데에는 물이 꼭 필요합니다. 심고 나서부터 수확할 때까지 물 주기가 정말 중요합니다.

식물의 종류와 품종에 따라 필요한 물의 양과 물 주는 횟수가 다릅니다. 그중에서도 허브는 대부분 품종이 건조함에 강하고 오히려 습한 환경을 싫어합니다. 각기 성질이 다른 점을 고려하여 적절히 관리하세요.

사계절 물 주기 요령

봄 _ 채소와 허브가 성장을 시작하는 시기입니다. 이때에는 식물이 물을 아주 많이 흡수하므로, 겉흙이 마르면 아침이나 저녁 시간에 물을 주세요. 물을 줄 때 비료도 함께 주면 좋습니다.

여름 _ 성장이 한창일 때여서 물 흡수량이 특히 많습니다. 게다가 흙이 마르기 쉬운 계절이므로 겉흙이 빨리 마를 때에는 아침저녁으로 하루에 두 번씩 물을 주세요. 단, 하루 중 더위가 심한 때에 물을 주면 잎과 줄기에 통풍이 나빠져서 열기가 모이는 현상이 일어나므로 주의합니다. 자동 흡수 물병을 이용해도 좋습니다.

가을 _ 겨울을 날 준비를 하기 위해 저항력을 높여야 하므로 물 주는 양을 줄입니다. 단, 갑자기 공급하는 물의 양을 줄이면 식물이 스트레스를 받을 수 있으니 서서히 줄여갑니다.

겨울 _ 밤에 물기가 많이 남아 있으면 얼어 버릴 수 있습니다. 저녁부터 밤에는 다소 건조한 정도가 되도록 하루에 기온이 오르기 시작하는 오전 10시에서 11시 사이에 물을 주세요. 허브는 겨울에 성장을 멈추는 종류가 많으므로, 특히 적게 줍니다.

Point 1
심은 다음에는 물을 충분하게 주어서 흙을 전체적으로 적십니다. 그리고 그 후로는 매일 재배 용기 밑으로 물이 흘러나올 정도로 충분하게 줍니다. 물받이 받침대에 고인 물과 흙은 그때그때 버려 주변 환경이 항상 청결하도록 관리하세요. 성장기에는 물이 마르지 않게 주의하고, 물을 줄 때에는 물줄기가 포기의 밑동치를 향하게 하세요.

Point 2
바질 같은 허브는 비교적 건조함에 강하고 습한 환경을 싫어합니다. 여러 번 횟수를 나누어서 물을 주지 말고, 흙이 말랐을 때에만 듬뿍 주세요.

Point 3
베란다나 창가, 부엌 등에서 식물을 키우면 아무래도 실외의 밭에서 기를 때보다는 물과 양분의 유출이 많습니다. 허브도 건조함에 강하지만 한동안 물을 주지 않으면 시들어 버립니다. 겉흙의 상태를 매일 확인하세요. 또, 건조하기 쉬운 여름에 오랫동안 집을 비울 때에는 흙에 꽂아 두면 자동으로 물이 조금씩 공급되는 자동 흡수 물병을 이용하면 편리합니다.

모종 옮겨 심는 법

씨앗부터 키우는 것도 각별한 즐거움이 있지만, 처음 채소를 기른다면 역시 모종부터 재배하는 것이 편리하고 좋습니다. 판매되는 모종을 사 와서 심을 때나, 직접 포트에 씨를 뿌려서 키운 모종을 옮겨 심을 때에도 순서는 거의 같습니다.

1 재배 용기를 준비한다. 여기서는 2ℓ짜리 페트병을 준비한다. 시중에서 판매하는 재배 용기를 사용할 때는 지름이 15cm 정도의 재배 용기를 준비한다.

2 재배 용기 바닥의 구멍에 맞추어 화훼용 깔망을 자른 다음 바닥에 깐다. 마사토나 알이 굵은 돌을 바닥에 몇 cm 높이로 깐다. 이렇게 해 놓으면 배수가 잘 된다.

3 배양토에 밑거름으로 마감프-K 등 완효성(효과가 천천히 오랫동안 가는 것) 비료를 섞은 흙을 넣는다.

4 일단 포트의 모종을 그대로 재배 용기에 넣어 모종이 자리 잡는 높이를 확인한다.(이 사진 속의 상태로는 조금 높은 것 같다.)

5 모종을 넣어 보았을 때 흙의 높이와 밑둥치의 높이가 딱 맞도록 흙을 더 넣거나 빼서 조절한다.

6 모종을 빼낸다. 한 손으로 새싹인 모종의 밑둥치를 잡고, 다른 한 손으로는 포트를 살짝 감싸 쥔 채 엄지로 포트 밑 부분을 천천히 밀어올린다.

7 대부분 모종은 깔끔하게 쏙 빠져 나온다.

8 뿌리흙(뿌리와 그 주변 흙)의 하부를 털어 낸다. 이렇게 하면 뿌리가 잘 뻗어나간다. 뿌리가 빽빽하게 차 있으면 가위로 조금 잘라 낸다.

9 모종이 똑바로 서도록 모양을 잡으면서 구덩이에 살짝 넣는다.

10 뿌리흙 주변의 틈에 조금씩 배양토를 채워 넣는다.

11 흙이 안쪽으로도 꽉 차도록 손가락이나 나무젓가락으로 눌러가면서 흙을 옮겨 준다.

12 밑둥치가 재배 용기의 가장자리에 있는 흙보다 조금 높아지도록 한다. 재배 용기의 가장자리와 흙의 높이 차이를 워터 스페이스라고 한다.

13 물뿌리개로 밑둥치에 물을 살살 뿌린다. 며칠 동안은 바람과 햇볕이 많지 않은 곳에서 관리한다.

14 3~4일이 지나면, 햇볕이 잘 들고 통풍이 좋은 장소로 옮기고, 흙이 마르면 물을 듬뿍 준다.

> **Point**
> 모종을 옮겨 심을 때 중요한 점은 흙의 높이를 잘 조절하는 것입니다. 밑둥치가 재배 용기의 가장자리에 있는 흙보다 조금 높여 경사지게 심으면 배수가 잘 되어서 식물의 성장에 좋습니다.

여러 가지 흙

채소와 허브를 키우는 데 있어 흙은 사람에게 집과 같은 존재입니다. 흙의 질이 적당한가 아닌가는 식물의 성장에 큰 영향을 줍니다. 흙은 종류가 여러 가지이고, 배수가 잘되는 흙, 수분을 잘 유지하는 흙 등 성질도 각각 다릅니다. 서로 다른 흙을 배합해서 전용 흙을 직접 만들어도 됩니다. 하지만 처음 실내에서 용기에 식물을 키우는 경우라면 시판용 원예 전용 배양토를 사용하는 것이 편리합니다.

배양토 종류

 **부엽토**_활엽수 잎을 쌓아 놓고 썩혀서 만든 흙입니다. 영양분이 풍부하고 통기성이 좋아서 배수도 잘되고 보수성도 뛰어납니다. 양질의 부엽토는 가볍고 잘 부서집니다.

 **적옥토(赤玉土)**_일본의 간토 지방에 많은 적색 흙을 구슬 모양으로 만든 것입니다. 알갱이의 크기는 다양합니다. 흙과 섞으면 약간의 틈이 생겨서 배수가 잘되고 보수력도 좋습니다.

 **퇴비**_짚, 꼴, 톱밥, 채소 부스러기, 그리고 닭똥과 소똥 같은 가축의 똥을 여러 층으로 쌓아 잘 발효시킨 것입니다. 유기질이 풍성하므로 푹신푹신하고 배수성이 좋습니다.

 **버미큘라이트(vermiculite, 질석)**_질석(蛭石)이라는 돌을 구워서 얇게 알갱이 모양으로 만든 것으로, 가볍고 단열성이 좋습니다. 알갱이 자체에도 구멍이 나 있어서 흙과 섞으면 배수가 잘되고 보수력이 좋습니다.

 **펄라이트(pearlite, 진주암)**_진주암을 구워서 만든 돌로, 구멍이 많고 버미큘라이트보다 훨씬 가볍습니다. 흙이 단단하게 굳는 것을 방지하고 적당한 틈을 만들어서 배수가 잘됩니다.

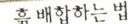

흙 배합하는 법

채소용
적토(혹은 흑토) 4 : 부엽토 4 : 버미큘라이트 2
1ℓ당 고토석회(苦土石灰) 1g, 화학 비료 1~3g을 넣는다.

허브용
적토 2 : 부엽토 2 : 버미큘라이트 2 : 녹소토(鹿沼土)
1ℓ당 고토석회 1g을 넣는다.

사용한 흙 다시 쓰기

한 번 채소와 허브를 키운 흙은 그대로 다시 사용할 수는 없습니다. 하지만 태양의 열기를 이용해서 소독하고 불필요한 것을 제거한 다음 영양분을 공급하면 다시 사용할 수 있습니다. 초보자는 시판되는 용도별 전용 상토를 사용하는 것이 편리합니다.

1 식물이 시들면 포기를 뽑아낸다. 신문지를 깔고 작업하면 나중에 청소하기에 편하다.

2 모두 버린 상태.

3 재배 용기에서 흙을 꺼내 신문지 위에 펼쳐 놓는다. 흙 속에 남아 있는 뿌리, 잡초 등을 골라 버린다.

4 불필요한 것을 골라낸 흙을 비닐봉지에 담는다. 공기를 빼내고 밀봉한다.

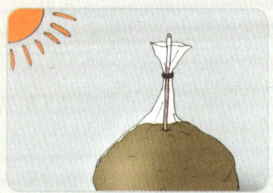

5 베란다와 정원 등 햇볕이 잘 드는 곳에 1~2주 동안 둔다. 흙 속의 온도가 60℃ 이상이 되도록 한다.

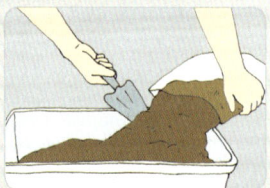

6 소독이 끝나면 다시 새로운 흙으로 사용한다. 단, 비료와 석회분, 유기질이 유출된 상태이므로 시판 흙과 부엽토, 퇴비 등을 배합한다.

선염 비료 만들기

매일 버리는 음식물쓰레기를 이용해서 손쉽게 비료를 만들어 봅시다. 페트병을 활용하면 장소도 많이 차지하지 않고 비교적 손쉽게 만들 수 있어요.

선염(渲染) 비료 만드는 법

재료 _ 부엽토(시판하는 것), 골판지 박스, 페트병(2ℓ), 음식물 쓰레기, 키친 페이퍼

선염 비료란?

선염(渲染) 비료란 일반적인 유기 비료를 발효시켜서 그 효과를 완화한(선염한) 비료를 말합니다. 효과는 천천히 나타나지만, 오랜 기간에 걸쳐서 끊이지 않고 효과를 발휘하는 특징이 있습니다. 재료는 부엽토와 음식물 쓰레기, 그리고 페트병만 있으면 됩니다. 채소에 좋은 유기 비료를 집에서 간단히 만들어 보세요.
여기서 소개하는 분량은 1~2회분입니다. 비율을 맞춰서 양을 늘리면 많이 만들 수 있습니다. 용도에 따라 양을 조절하세요.

1 페트병에 부엽토 50g을 넣는다.

2 음식물 쓰레기 100g과 부엽토 50g을 섞는다.

3 ①번의 페트병에 ②번에서 섞은 것을 넣는다.

4 ③번에 부엽토 50g을 다시 넣는다.

5 벌레가 들어가지 못하도록 키친 페이퍼로 페트병의 입구를 덮고, 고무줄로 고정한다.

6 골판지 박스에 담고 햇볕이 드는 곳에 놓는다. 하루에 한 번씩 내용물을 섞는다. 4주 정도(겨울에는 6주 동안)가 지나 음식물 쓰레기가 없어지면 선염 비료 완성!

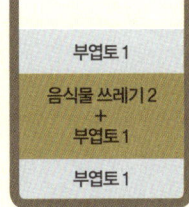

부엽토와 음식물 쓰레기의 비율

부엽토 : 음식물 쓰레기 = 3 : 2

| 부엽토 1 |
| 음식물 쓰레기 2 + 부엽토 1 |
| 부엽토 1 |

채소와 허브를 건강하게 키우려면 비료가 꼭 필요하지요. 특히 중요한 요소는 질소, 인산, 칼륨 세 가지이며, 잎줄기채소와 열매채소, 뿌리채소는 각기 필요한 영양소가 조금씩 다릅니다. 가정의 채소밭에서는 간편하게 시판되는 화학 비료를 사용하면 됩니다. 최근에는 유기 비료와 식물을 건강하게 키우기 위한 가정용 활성제, 영양제도 많이 나오고 있습니다.

※ 여기에서 소개하는 제품은 일본에서 사용되는 것으로, 국내에서 수입품을 취급하는 곳에서 구입할 수 있습니다.

고형 비료

고형 비료는 완효성 비료로 효과가 천천히 오랫동안 나타나는 성질이 있습니다. 흙에 섞거나 위에 뿌려 놓으면 비가 오거나 물을 줄 때마다 조금씩 녹아 흙에 스며들어서 뿌리를 통해 흡수됩니다. 밑거름이나 수확한 후에 주는 웃거름으로 사용하면 좋습니다.

마감프-K
밑거름의 대표적인 비료. 모종을 심을 때 흙에 섞어 두는 것만으로도 효과가 오래갑니다. 초보자도 사용하기 편리합니다.

프로믹(정제)
식물이 흡수해도 해가 없는 살충제가 들어 있어 병충해에도 효과적입니다.

액체 비료

액체이므로 바로 뿌리로 흡수됩니다. 빠른 효과를 볼 수 있어서 속효성 비료로 불립니다. 주로 성장기와 수확기에 정기적으로 줍니다. 물에 섞어 물뿌리개로 뿌리면 영양분도 함께 줄 수 있지요.

하이포넥스(HYPONEX) 레이쇼 원액
평소에 물을 줄 때 희석해서 주면 좋습니다. 간편한 액체 비료의 대표 상품입니다.

유기 비료

채소는 유기물이 많은 환경에서 잘 자랍니다. 유기 비료를 풍부하게 주면서 깊은 맛이 맛있는 채소를 키울 수 있습니다. 깻묵과 뼛가루, 그리고 최근에는 냄새도 덜하고 쉽게 사용할 수 있도록 개발한 제품이 판매되고 있습니다. 닭똥과 소똥 등도 있지만 냄새가 강해서 실내에서 재배하는 경우에는 적당하지 않습니다.

활성제와 영양제

식물에 영양을 공급해서 건강하고 튼튼하게 키우기 위한 제품입니다. 비료와 함께 사용하면 성장에 더 큰 효과를 기대할 수 있습니다. 희석해서 사용하는 액체 타입의 HB-101과 잎에 뿌리는 스프레이 타입, 흙에 꽂는 앰플 타입, 그 밖에 고형 타입도 있습니다.

깻묵
유채씨를 짜내고 남은 찌꺼기를 굳힌 제품입니다. 질소가 많이 함유되어 있어서 잎줄기채소에 좋습니다.

액체 퇴비
퇴비의 영양분을 액체로 만든 속효성 액체 비료입니다. 모든 채소에 광범위하게 이용할 수 있습니다.

골분(骨紛, 뼛가루)
동물의 뼈로 만든 제품으로 인산이 많아 열매 채소에 좋습니다.

비료를 줄 때 주의할 점

- 비료를 구성하는 주요 3요소는 질소, 인산, 칼륨입니다. 질소는 '잎 비료'라고 불리며, 잎과 줄기에 영향을 주어 크게 자라도록 도와줍니다. 인산은 꽃과 열매를 맺는 것을 도와주며, 칼륨은 뿌리와 땅속 줄기를 키워 줍니다. 작물의 종류에 따라 필요한 영양소가 균형 있게 들어 있는 제품을 선택해서 이용합니다.
- 고형 비료, 액체 비료, 활성제와 영양제 등 비료의 타입은 다양합니다. 용도에 따라 적합한 비료를 사용하세요.

시판 유기 비료
가정에서도 손쉽게 사용할 수 있는 유기 비료는 원예점과 종묘사에서 구입할 수 있습니다.

병충해 대책

채소와 허브, 특히 채소를 키울 때에는 반드시 병충해 대책을 세워야 합니다. 그렇지 않으면 애써 키운 채소를 벌레가 다 먹어 버리거나 병에 걸리기 쉽습니다. 병충해를 막으려면 평소의 손질과 관리가 아주 중요합니다.

주요 병

병명	대상	증상과 특징
모자이크병	거의 모든 채소	잎이 모자이크 모양이 되거나 기형이 되어 썩는다. 진딧물을 옮긴다.
역병	토마토, 피망, 오이, 파, 감자 등	작은 반점이 점점 늘어나면서 암갈색의 커다란 반점이 된다.
입고병(立枯病, 모 잘록병)	거의 모든 채소	밑둥치 부분의 줄기나 뿌리가 마르고 갈색으로 썩는다.
위조병(萎凋病)	무, 토마토, 가지 등	잎의 절반이나 포기의 절반부터 마르기 시작해서 서서히 작물 전체가 시들고 마른다.
노균병(露菌病, 버짐병)	오이, 풋콩 등	잎 표면에 황색의 작은 반점이 생기고, 점점 확대된다.
탄저병	오이, 시금치 등	잎과 줄기만이 아니라 열매에도 생긴다. 갈색의 둥근 반점이 생기다가 나중에 검고 작은 반점이 많이 생긴다.
백분병(白粉病)	가지, 오이 등	흰색 가루 같은 곰팡이가 잎의 표면을 덮는다. 건조할 때 발생하기 쉽다.
회색곰팡이병	토마토, 가지, 오이 등	회색 곰팡이가 생긴다. 마른 잎 등에서 감염된다.
균핵병(菌核病)	토마토, 오이 등	줄기와 잎, 열매가 썩으면서 거기에 흰색 균사가 밀집한다.

대책 **시판 약제를 사용한다** _ 채소는 약제를 사용하지 않고 기르기가 상당히 어렵습니다. 그러나 자신이 애써 키우는 채소만큼은 안심하고 먹고 싶지요. 그러므로 가능하면 약제를 사용하는 횟수를 줄이고, 사용할 때에는 되도록 미량으로 조절하세요.

주요 해충

이름	대상	증상과 특징
진딧물	거의 모든 채소	집단으로 밀집해서 생긴다. 즙을 빨아 먹어서 직접 피해를 주는 것 외에도 대부분 진딧물은 모자이크병 등 바이러스 병의 매개 역할을 한다.
총채벌레	토마토, 가지, 오이, 파 등	잎, 줄기, 열매의 즙을 빨아 먹고 자국을 남긴다. 병균의 매개 역할도 한다.
야도충(夜盜蟲)	무, 감자 등	밤나방의 유충이 잎을 중심으로 전부 먹어 버린다.
왕담배나방	토마토, 피망, 가지, 오이 등	나방의 애벌레처럼 생긴 유충이 잎, 줄기, 열매를 먹어 치운다.
배추좀나방	무 등의 십자화과(科) 채소	나방의 애벌레처럼 생긴 유충이 십자화과 채소만 먹어 치운다.
굴파리	토마토, 가지 등	유충이 잎을 먹어 치운다. 흰색 선상의 흔적이 남는다.
선충류	토마토, 오이, 무, 당근 등	뿌리가 부풀어서 혹이 생기게 하거나, 먹어 치운다. 만수국을 근처에 심으면 방지된다.
무당벌레붙이	토마토, 가지, 피망, 감자 등	성충과 유충이 모두 가지과(科) 채소 잎을 먹어 치운다. 계단 형태의 모양이 남는다.
산호랑나비 유충	대부분 잎줄기 채소	잎줄기채소 대부분, 당근 등의 잎을 먹어 치운다.

대책 **일상의 예방이 중요** _ 우선은 해충을 발견하면 바로 제거하는 것이 중요합니다. 또 해충이 먹은 잎과 부위는 바로 제거해서 다른 부위에 병이 옮지 않도록 합니다. 그리고 로즈마리와 같이 방충 효과가 뛰어난 허브를 함께 기르는 것도 효과가 있습니다.

천연 재료 농약

시판 농약을 사용하면 효율적으로 해충과 병을 방지할 수 있습니다. 하지만 직접 키워서 먹는 채소이므로 역시 무농약으로 키우고 싶은 마음이 더 많지요. 생활 속에서 바로 구할 수 있는 천연 재료를 이용해 친환경 농약을 만드는 법을 알려 드립니다. 식품의 안전은 물론 친환경적인 농약이지요.

식물을 사용한 천연 농약

고추 _ 홍고추, 풋고추 모두 사용할 수 있습니다. 햇볕에 말려서 사용하거나 말린 것을 사서 이용합니다.

마늘 _ 마늘 한 통을 준비해서 껍질을 벗기고 갈아 주세요. 여기에 물 1ℓ를 넣고 거즈로 짠 다음, 5배의 물로 희석해서 분무기로 식물에 뿌립니다. 마늘 냄새는 모든 해충과 노균병, 각종 녹병을 예방하는 데 효과가 있습니다.

쇠뜨기 _ 흔히 볼 수 있는 잡초인 건조한 쇠뜨기 6g에 물 1ℓ를 넣고 5분 동안 끓여서 식힙니다. 식은 물에 가루비누를 5g 녹여서 거즈에 걸러낸 다음 그대로 식물에 뿌립니다. 백분병 등에 효과적입니다.

삼백초 _ 시판되는 필름으로 흙을 덮지 않고 포기의 밑둥치에 생 삼백초를 깔아 놓으면 뿌리를 갉아먹는 벌레나 풍뎅이가 잎의 강한 냄새를 싫어해서 오지 않습니다.

비파 잎 _ 소주 1.8ℓ(됫병)에 비파 잎 10장 정도를 한 달 동안 담가 둡니다. 이 액을 3배로 희석해서 식물에 뿌리면 무름병에 특효가 있습니다. 무나 양배추의 병충해를 예방하는 데에도 효과가 좋습니다.

식품을 사용한 천연 농약

우유 _ 맑은 날 오전 중에 우유를 희석하지 않고 그대로 분무기에 담아서 잎에 뿌립니다. 그러면 낮 동안 우유가 굳으면서 진딧물의 숨구멍을 막아 질식사시킵니다. 우유를 뿌린 후 시간이 조금 지나면 잎에 우유가 막처럼 남지 않도록 잘 씻어내야 합니다.

맥주 _ 맥주는 민달팽이를 제거하는 데 효과적입니다. 민달팽이가 나올 만한 곳에 맥주를 담은 작은 접시를 놓아두면 냄새를 맡고 몰려들어서 바로 잡을 수 있습니다.

식초 _ 20~50배로 희석해서 식물에 뿌립니다. 상추처럼 잎이 크면 진하게, 소송채처럼 잎이 작은 채소에는 연하게 사용합니다. 일주일에 한 번 정도 뿌리면 식물이 튼튼하게 자랍니다.

커피 _ 커피를 뿌려주면 잎진드기를 제거하는 데 효과가 있습니다. 설탕이 들어간 것도 효과가 있지만, 가능하면 진한 것이 더 효과적입니다. 인스턴트 커피도 가능합니다.

달걀 껍데기 _ 달걀 껍데기를 부숴서 흙 표면에 얹어 놓으면, 뿌리를 갉아먹는 벌레 등 땅속으로 숨어드는 해충이 땅속으로 숨지 못하고 도망갑니다.

그 밖의 재료를 사용한 천연 농약

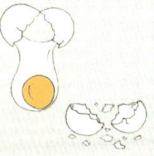
초(醋)소주 _ 식초와 소주를 섞은 것을 말합니다. 물 1ℓ에 식초 300cc, 알코올 35도의 소주를 섞어서 식물에 뿌립니다. 식초의 병충해 방지 효과와 소주의 살균, 소독 효과를 동시에 볼 수 있습니다.

목초액 _ 탄을 태울 때 나오는 연기를 식혀서 액체로 만든 것을 말합니다. 해충 예방 효과가 강합니다. 시판되는 목초액을 사서 사용합니다.

시판되는 안심 약제 _ 최근에는 시판되는 것 중에서도 천연 성분으로 만든 약제가 늘었습니다. 또한 실내에서 기를 때 직접 식물에 뿌리지 않고도 해충을 막는 약제들도 있어서 간편하고 편리하게 사용할 수 있습니다.

※ 여기에서 소개한 천연 농약은 시판되는 화학 농약, 살충제와 달리 한 번에 바로 효과를 볼 수 있는 것이 아닙니다. 꾸준하게 매일 식물을 눈여겨보면서 병충해를 조기에 발견하고 조기에 제거하는 것이 가장 좋습니다. 또, 아무리 자연 재료를 사용한다고 해도 실수로 눈에 들어가거나 직접 피부에 닿지 않도록 주의하세요.

🌱 수확하면서 손질하기

대부분의 허브와 부추 등 잎줄기채소는 다른 채소와 비교해 놀랄 만큼 잘 자랍니다. 허브는 가지와 잎을 수확하면 옆 가지가 뻗어 나와 더 많이 수확할 수 있지만, 그대로 두면 잎과 잎이 서로 겹쳐서 통풍이 안 되고 병이 발생하기 쉽습니다. 따라서 허브와 잎줄기채소는 자주 수확할수록 성장에 좋고 수확의 즐거움을 오랫동안 누릴 수 있습니다. 줄기 끝을 떼어 내는 것을 '순지르기', 가지를 잘라서 모양을 정리하는 것을 '가지다듬기'라고 합니다. 손질로 뜯어 낸 잎과 꽃, 그리고 줄기 등은 생 허브로 이용할 수 있습니다. 이처럼 허브 키우기는 수확이 곧 손질도 되는 일거양득의 매력이 있습니다.

1 잎과 줄기가 성장해서 수확의 적기. 그대로 두면 잎과 잎이 겹치면서 열이 발생하기 쉽다.

2 마디 위쪽으로 1cm 정도 되는 위치에서 가로로 줄기째 잘라 수확한다. 군데군데 수확해서 바람이 잘 통하게 한다.

3 수확하면 바람이 잘 드는 곳에 두고 키우면서 흙이 마를 때 물을 준다. 나중에 옆에서 또 가지가 나오므로 잎이 커지면 다시 수확한다. 이것을 반복하면 오랫동안 수확의 기쁨을 맛볼 수 있다.

사계절 웃거름 포인트

봄 _ 허브는 대부분 처음에 주는 밑거름으로 성장하는 데 충분하지만, 봄에는 허브가 성장하는 시기이므로 영양분이 많이 필요합니다. 줄기의 성장이 나쁠 때, 그리고 잎과 가지를 많이 수확한 다음에는 웃거름으로 액체 비료를 주면 좋습니다. 웃거름의 횟수는 식물에 따라 다르지만 월 1~2회 정도가 좋습니다.

여름 _ 허브와 채소 대부분은 여름의 더위를 싫어합니다. 이 시기에는 흙이 건조해지기 쉬워서 물을 주는 횟수가 늘어납니다. 그런 한편 비료를 줄지 말지는 품종에 따라 다르므로 주의해야 합니다. 일반적으로 잎줄기채소 등은 비료가 많이 필요하고, 허브류는 그다지 필요하지 않은 것이 많습니다.

가을 _ 가을도 식물이 성장하는 시기입니다. 웃거름을 주거나 수확한 후에 덧거름을 줘서 겨울에 대비해 체력을 기르게 합니다.

겨울 _ 허브를 제외한 대부분 채소가 성장을 멈추는 시기입니다. 비료는 되도록 적게 사용하거나 주지 않습니다.

🌱 수확 후 잘라내기와 웃거름 주기

허브나 일부 잎줄기채소는 성장해서 꽃을 피운 뒤 여름 하순부터 가을까지 수확을 계속할 수 있습니다. 이 시기에는 수확을 겸해서 개화한 가지를 잘라 냅니다. 이것을 '잘라내기'라고 합니다. 잘라내기를 하면 작물이 약해지므로 웃거름(비료 추가)을 줍니다. 꽃이 지면 자르고, 잘라 내고 나서 웃거름을 주면 허브를 오랫동안 즐길 수 있습니다.

1 수확이 끝난 레몬밤. 여기저기 잎이 말라 있고 밑동치에 새로운 잎이 보인다.

2 밑동치에서 오래된 줄기를 잘라 내어 제거한다. 이것을 잘라내기라고 한다.

3 밑동치에 화학 비료를 주고 웃거름을 준다. 뿌리가 상하지 않도록 뿌리와 떨어진 곳에 준다. 이것을 웃거름 혹은 덧거름이라고 한다.

화분에 옮겨 심기

채소는 대개 씨 뿌리기를 하고 1년 안에 수확한 후 시들어 버리는 한해살이풀입니다. 하지만 허브 중에는 로즈마리, 타임, 민트 등 몇 년 동안 계속해서 성장하는 여러해살이풀도 많습니다. 이런 허브는 몇 년이고 같은 화분에서 키우면 뿌리가 화분을 가득 메워서 성장하는 데 지장이 생깁니다. 그리고 시간이 지나면서 흙도 딱딱해지므로 흙도 새로운 것으로 바꿔 주어야 합니다. 옮겨심기는 모종을 화분에 심을 때와 방법이 같습니다.

 옮겨심기

1 허브를 몇 년 동안 계속해서 같은 화분에 기르면 잎이 텁수룩하게 자라서 줄기가 거칠어진다. 기르던 화분보다 조금 더 큰 화분을 준비한다.

2 화훼용 깔망을 잘라서 화분 밑에 깔고, 위에서 마사토와 적옥토를 화분 바닥에 빈틈없이 넣는다.

3 새로운 배양토를 넣는다. 마감 프-K 등 완효성 비료를 밑거름으로 적당량 넣고 잘 섞는다. 이것으로 흙 바꾸기와 비료 주기가 완성.

4 이전 줄기에는 해충이 잔뜩 붙어 있기도 하므로, 신경이 쓰인다면 해충 예방을 위해서 개량제 등을 넣으면 좋다. 가능하면 인체에 영향이 적은 약제를 사용하자.

5 화분에서 모종을 꺼낸다. 꺼내기 어려울 때에는 화분의 바깥 면을 탕탕 쳐 주면 쉽게 빠진다.

6 이전 흙을 털어 낸다. 원뿌리 근처의 뿌리와 흙만 남긴다.

7 새로운 화분의 한가운데에 구덩이를 파고, 모종을 넣은 다음 새로운 배양토로 주변을 채운다. 가늘고 긴 막대기로 흙을 가볍게 찔러서 모종의 자리를 잡아 준다.

8 화분 밑으로 물이 흘러나올 정도로 물을 충분히 준다. 옮겨심기를 한 직후에는 작물이 약해진 상태이므로 직사광선을 피해 2~3일 정도 그늘에 둔다. 작물이 새 화분에서 자리를 잡으면 햇볕이 잘 들고 바람도 잘 통하는 곳으로 옮긴다. 겉흙이 마르면 물을 듬뿍 준다. 가지가 많으면 옮겨 심을 때 손질하고 줄기와 정리된 뿌리흙(뿌리와 그 주변의 흙)의 균형을 맞추면 좋다.

허브 번식 방법

허브의 종류 중에는 꺾꽂이(눈꽂이라고도 한다)와 포기나누기로 간단히 개체를 늘릴 수 있는 것이 많습니다. 요령만 익히면 수확량을 훨씬 늘릴 수 있습니다.

꺾꽂이(눈꽂이)

1 어린잎을 골라 마디 밑에서 비스듬하게 자른 다음, 맨 아래의 잎을 떼어 낸다.

2 시원한 장소에서 가지를 30분 정도 물에 담가 둔다.

3 적옥토 등 청결한 흙에 나무젓가락으로 구멍을 뚫는다.

4 가지를 흙에 꽂는다. 줄기가 부드러울 때에는 꺾이지 않도록 주의한다.

5 뿌리가 감춰질 정도로 흙을 채우고 고른 다음, 물을 듬뿍 준다.

6 그늘에 2~3일 정도 두었다가 햇볕이 잘 드는 곳으로 옮긴다. 흙이 마르지 않도록 물을 준다. 20~30일 정도 지나 줄기가 단단해졌다면, 뿌리가 내린 것이다.

대부분 허브는 꺾꽂이로 번식할 수 있습니다. 이것은 곁가지를 잘라 흙에 꽂아서 순이 나오게 하는 방법입니다. 씨 뿌리기로 키우는 것보다 훨씬 간단합니다. 한 번에 새로운 포기를 만들 수 있지요. 마음에 드는 허브가 있으면 꺾꽂이로 늘려가 봅시다.

포기나누기

1 오래 키운 오레가노. 뿌리째 조심스럽게 파낸다.

2 뿌리를 몇 개로 잘라서 나눈다. 오래되어 상처가 난 뿌리는 자른다.

3 잘라서 나눈 상태.

4 상부에 잎이 많으면 잘라준다.

5 재배 용기에 흙을 넣고, 뿌리를 펼치듯이 넣는다.

6 뿌리가 가려질 정도로 흙을 채워 넣고 다듬는다. 물을 듬뿍 준다.

7 그늘에 2~3일 정도 놓아두었다가 햇볕이 잘 드는 곳으로 옮긴다. 흙이 마르지 않도록 물을 준다.

허브는 포기나누기로 늘릴 수 있는 종류가 많습니다. 포기나누기란, 작물을 파내서 뿌리를 잘라 나누고 다시 심는 것을 말합니다. 한 화분에서 키운 지 오래되어 뿌리가 재배 용기에 꽉 차면 포기나누기를 합니다.

허브의 활용법과 보존법

허브는 가정 채소밭에서도 손쉽게 기를 수 있습니다. 몸에 좋고 요리의 풍미를 살려 줄 뿐만 아니라 병충해를 방지하는 역할도 하는 허브 활용법을 소개합니다. 허브는 수확량이 많은 품종인데, 수확량이 너무 많아서 다 사용하지 못하기도 하지요. 그런 때를 위한 보존법도 소개합니다.

부엌에서 활용하기

허브는 살균, 소독, 제취(除臭), 방충 작용을 하여 우리 생활에 많은 도움을 줍니다. 다양한 방법으로 부엌에서도 마음껏 활용해 보세요.

도마 소독과 설거지 _ 살균, 제취 효과가 좋은 타임을 사용합니다. 건조시켜서 가루로 만들어 놓고 식기용 세제와 섞어서 도마, 고기나 생선 요리를 한 냄비, 그릇을 닦으면 잡냄새 없이 깔끔하게 씻을 수 있습니다.

냉장고와 찬장의 제취제 _ 냉장고 속 냄새 제거용이나 부엌에서도 악취와 잡균이 생기기 쉬운 찬장, 서랍, 싱크대 등에도 허브를 놓아두세요. 타임과 민트를 그대로 넣어도 좋고, 향 주머니에 넣어서 이용해도 좋습니다.

쌀과 밀가루의 방충 _ 쌀과 밀가루 등 곡물류에 생기는 해충을 예방하는 데는 월계수 잎이 효과가 좋습니다. 쌀과 밀가루 등이 들어 있는 용기 속에 함께 넣어 두면 벌레가 생기지 않습니다. 말린 고추도 효과가 있습니다.

허브 보존법

직접 기른 허브라서 하나라도 버리지 않고 끝까지 사용하고 싶은 마음이 들기 마련이에요. 그렇지만 수확량이 많아서 한번에 먹기도 어렵습니다. 허브의 보존법을 알아볼까요?

자연 건조 방법 _ 특히 꽃대를 통째로 수확하는 라벤더 등을 보존하는 데 좋습니다. 수확한 허브를 한 손에 쥘 정도씩 나눠서 다발을 만듭니다. 통풍이 잘되는 그늘에서 건조시킵니다. 꽃과 열매는 체에 겹치지 않게 놓고 건조합니다.

강제 건조 방법 _ 포프리(건조시킨 꽃잎과 풀을 향유 등과 유리병에 넣은 것)와 드라이플라워를 만들 때 사용합니다. 이때에는 헤어드라이어와 에어컨 열풍으로 건조시키거나 오븐 레인지의 예열을 사용하기도 합니다. 너무 뜨거우면 타거나 구워질 수 있으므로 적당히 조절하면서 말려야 합니다. 꽃의 색깔과 형태를 그대로 남기고 싶다면, 용기에 실리카겔(건조제)을 넣고 그 속에 꽃을 넣어 전자레인지에서 건조시킵니다. 포프리와 누름꽃으로 오랫동안 허브를 즐길 수 있습니다.

그 밖의 보존법 _ 방금 딴 생 허브를 봉지에 넣어서 그대로 냉동실에 넣거나 물을 얼리는 사각 통에 허브를 넣고 얼려서 냉동 보존하는 방법도 있습니다. 또 올리브유와 비네거(vinegar, 서양 식초), 꿀, 와인 등에 넣으면 풍미가 좋은 허브 조미료로 이용할 수 있습니다.

다양한 허브 활용법

가벼운 찰과상을 입었을 때 상처를 깨끗하게 _ 아이가 넘어지거나 부딪혀서 생긴 가벼운 찰과상은 허브로 만든 약을 사용하면 좋습니다. 허브티용으로 나온 타임과 캐모마일 10g을 끓는 물에 우려낸 뒤 식혀서 상처를 닦아 냅니다. 타임은 항균, 캐모마일은 피부염과 눈 염증의 습포제로도 사용할 수 있습니다.

가정 채소밭에 _ 허브는 병충해를 예방하는 데 도움을 주는 품종이 많습니다. 허브는 농약 같은 화학용품과 달리 자연과 인체에 해를 끼치지 않습니다. 주된 사용법은 다른 작물과 함께 섞어서 기르거나, 로즈마리처럼 향기가 강한 허브를 물에 우려내 뿌려주거나 말려서 매달아 놓는 방법이 있습니다.

애완동물의 벼룩과 진드기 퇴치 _ 애완동물의 건강을 해치는 벼룩을 퇴치하는 데에는 민트의 한 종류인 '페니로열민트'를 사용하면 좋습니다. 말려서 동그랗게 말아서 걸어 주거나 목줄에 달아 주면 됩니다. 또는 천을 재단해서 목줄처럼 만들고 그 속에 말린 민트를 잘게 잘라 넣는 방법도 있습니다. 그리고 '쓴쑥'이나 '탄지' 같은 허브를 끓여서 우려낸 액을 애완동물의 집 주변에 뿌려 두면 효과가 있습니다.

해충과 쥐 퇴치용 _ 곡물을 망가뜨리고 병원균을 옮기는 쥐와 해충의 피해를 막는 데에는 '개박하'로 불리는 허브의 한 종류인 민트가 좋습니다. 개박하를 기르거나 방충 효과가 있는 허브를 말려서 놓는 등 여러 방법을 사용해 보세요. 또 특정 해충을 퇴치하는 데 좋은 효과를 보이는 허브도 있습니다. 예를 들면 개미와 애벌레에는 민트와 바질, 히솝 등이 효과가 있습니다. 진디와 선충류의 피해를 막는 데에는 한련의 잎과 줄기를 갈아 만든 액, 등에와 파리에는 탄지, 쓴쑥, 바질, 샐비어(깨꽃), 키나, 민트 등이 효과가 있습니다.

페트병 재배 용기로 정원 꾸미기

페트병 재배 용기로 간단한 작은 채소밭을 꾸며 보세요. 새싹채소와 상추, 미니토마토 정도의 작은 채소는 잘 자랍니다. 간단한 샐러드나 갑자기 찾아온 손님 접대용으로 유용하지요. 이런 채소는 정원의 한구석이나 부엌 근처에서 쉽게 기를 수 있습니다. 앞서 소개한 페트병 재배 용기에 실제로 채소를 키워보았어요. 페트병을 활용해서 이렇게 멋진 채소밭을 가꿀 수 있습니다.

가로형을 연결하면 줄 뿌리기도 간단!

2ℓ짜리 페트병 1개로도 충분히 잘 자랍니다.

복합형 재배용기를 활용하면 수확이 풍성해져요!

상추도 이렇게 많이 기를 수 있어요.

여러 식물과 함께 채소도 기릅니다.

상추와 경수채도 쑥쑥 잘 자랍니다.

정원용품인 래티스(lattice)에 행잉 바스켓으로 활용해 보세요.

깊이가 있는 화분에는 산파를 심습니다.

4ℓ짜리 페트병에 브로콜리와 양배추를 키워보세요.

넓은 화분에는 점 뿌리기로 심으면 좋아요.

🌱 직접 만든 재배 용기에 채소를 키워요!

페트병은 물론이고 우유팩, 달걀 박스, 캔 등 재활용품을 이용해서 채소를 키울 수 있어요. 그림이 그려진 캔이나 일회용 비닐 컵에도 모종을 키울 수 있어요. 다음은 다양한 재활용기를 이용해 채소를 키운 사례들이에요. 여러 예를 참고해서 나만의 아이디어가 담긴 채소 키우기에 도전해 보세요.

페트병과 주변의 물건을 활용해서 채소 기르기

안 쓰는 플라스틱 박스와 샐러드 볼을 사용해서 새싹채소와 크레송을 심었습니다. 재배 용기가 시판 제품이 아니어도 채소는 건강하게 잘 자랍니다.
– 도쿠시마현 야마자키 노리코 씨

딸기 박스에 모종 기르기

평소에는 그냥 버렸던 딸기 박스. 하지만 여기에 흙을 넣으니 바로 모종판이 완성되었어요!
– 도쿄도 가미야 마유미 씨

달걀 박스를 그대로 재활용

달걀 박스를 자르지 않고 그대로 사용했습니다. 추운 시기에는 뚜껑을 닫으면 간이 온실로 변신해요. 게다가 벌레를 막아 주는 역할도 합니다.
– 도쿠시마현 야마자키 노리코 씨

비닐 컵의 대활약

비닐 컵에 물을 조금 넣고, 그 안에 스펀지를 넣어서 모종을 키웠습니다. 이렇게 키운 모종이 아래의 사진처럼 풍성한 치마상추로 변신했어요!
– 도쿠시마현 야마자키 노리코 씨

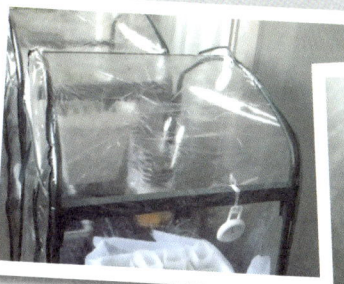

일회용 숟가락을 이름표로

베란다에 작은 비닐하우스를 만들어서 그 안에서 원예를 즐기고 있습니다. 이름표를 만들어 두면 무엇을 심었는지 한눈에 알 수 있어요.
– 도쿄도 스즈키 다쿠 씨

귀엽게 장식한 실내 채소밭

페트병을 자른 가장자리에 수예용 테이프를 둘러 주었어요. 인테리어용품과 비교해도 빠지지 않는 멋진 화분이 되었습니다. 이제 막 자라기 시작하는 채소가 정말 귀엽죠?
– 도쿠시마현 야마자키 노리코 씨

그림이 귀여운 캔을 이용 ♪

귀여운 그림이 그려져 있는 캔에 채소를 심으면 이렇게 예쁜 화분이 됩니다. 실내에서 채소를 기른다면 꼭 이용해 보세요.
– 도쿄도 히사 씨

페트병 하나에 한 개씩 심었어요

뿌리채소도 페트병에서 키울 수 있어요. 열심히 키운 무를 수확할 생각에 가슴이 두근두근! 비닐을 씌우면 벌레가 접근하지 못해서 잎도 보호할 수 있어요.
– 아이치현 아야 유키 씨

낫토 용기도 사용해 보았어요

당근의 꼭지 부분은 버리시나요? 물기를 머금은 스펀지 위에
당근 꼭지를 얹어 놓았더니 잎이 나오기 시작했어요.
이렇게 키운 잎을 국에 넣어서 먹었어요!
— 도치기현 나스노 에코로지 씨

파의 생명력에 감탄♪♪

파의 재생력을 보세요! 사 온 파의 뿌리 부분을 남겨 두었다가 심으면
이렇게 자란답니다.
—도쿠시마현 야마자키 노리코 씨

맛있는 무가 멋지게 자랐어요

무가 페트병에서 튀어나올 것처럼 크게 자랐어요.
수확해서 어떤 요리에 넣을까 궁리하는 즐거움도
크답니다!
—가나가와현 도스겐 씨

즐거워요♪ 베란다 채소밭♪♪

다양한 용기에 여러 채소를 키우고 있어요. 페트병은 물론
이고 우유팩과 요구르트 용기도 재배 용기로 사용할 수
있답니다!
—가고시마현 준치 씨